LA COMMUNICATION
DES ONG HUMANITAIRES

Collection
Communication, politique et société

dirigée par Jacques Gerstlé

Éditions Pepper – L'Harmattan – 2009

Sous la direction de
Pascal Dauvin

LA COMMUNICATION
DES ONG HUMANITAIRES

Éditions Pepper – L'Harmattan

© L'Harmattan, 2010
5-7, rue de l'École-Polytechnique ; 75005 Paris

http://www.librairieharmattan.com
diffusion.harmattan@wanadoo.fr
harmattan1@wanadoo.fr

ISBN : 978-2-296-11469-2
EAN : 9782296114692

AVANT-PROPOS

En mars 2008, Julie Cocoual, Sophie Gaultier, Aurélie Grellier et Marine Ledour, quatre étudiantes du master Politiques de communication de l'université de Versailles-Saint-Quentin, organisaient une journée d'études sur la communication des ONG humanitaires.

Cet ouvrage est le prolongement de cette rencontre. Il fait le pari de faire dialoguer des professionnels et des universitaires, en considérant que le point de vue des uns nourrit celui des autres.

Le conseil scientifique de l'université de Versailles-Saint-Quentin a alloué à ce projet une subvention à la publication. Qu'il soit remercié pour son soutien.

Que soit aussi remercié Youcef Djedi, ingénieur d'études au CARPO, pour sa relecture du manuscrit.

INTRODUCTION

LA COMMUNICATION DES ONG HUMANITAIRES

PASCAL DAUVIN

« *Selon Médecins Sans Frontières, le procès intenté par la compagnie pharmaceutique suisse Novartis contre la loi indienne sur les brevets pourrait avoir des conséquences désastreuses. Si Novartis obtient gain de cause, l'accès des pays pauvres aux médicaments s'en trouvera limité. MSF exhorte Novartis à abandonner immédiatement son procès.* » (Extrait du communiqué de presse de MSF du 20 décembre 2006)

« *Problème posé : réinsérer le problème de la faim dans l'actualité ; réaffirmer Action Contre la faim comme l'association référente qui lutte contre la faim dans le monde ; remobiliser les français autour du problème de la faim et déclencher des dons.* » (Extrait de la fiche de présentation de la campagne de ACF en 2002)

« *Derline, 24 ans, a été retrouvée sous les décombres de la maison où elle vivait, le lendemain du tremblement de terre. "J'ai pensé que j'allais mourir, j'ai prié Dieu et la vierge Marie pour me donner de l'air." […] À cause de la gravité de sa blessure, Derline a été amputée. […] Une équipe de Santé de Handicap International, constituée d'un kiné et d'un ergothérapeute, s'est occupée d'elle. Elle a reçu ensuite un fauteuil roulant.* » (Extrait du site internet de HI)

« *Médecins du monde a lancé en 2008 une campagne de sensibilisation contre les expulsions d'étrangers gravement malades. Atteint de diabète, d'un cancer, du SIDA ou d'une autre maladie grave, un étranger renvoyé dans son pays où il ne pourra être soigné, risque la mort ou de graves handicaps.* » (Extrait du site internet de MDM)

La communication des ONG humanitaires

Ces différents extraits n'ont pas d'autre ambition que d'illustrer, de façon sélective, comment des ONG fabriquent, sous des formes et des intentions variées, de la « communication humanitaire ». Ces discours parlent de « communication » au moins sur deux plans. D'abord, ils évoquent des outils, des réseaux et livrent des informations. Ensuite, ils suggèrent des pratiques sociales, une division du travail symbolique sur des images et des représentations. Ces extraits racontent aussi des « ONG » aux raisons sociales propres, mais suffisamment proches pour être socialement identifiées comme « humanitaires ». Qu'elles mettent en avant l'urgence médicale, la faim ou le handicap, elles relèvent toutes du même statut juridique – un statut d'ailleurs particulièrement flou[1]. Elles soignent et témoignent, revendiquent un engagement librement consenti, agissent sur des scènes principalement internationales, font appel à la générosité du public et sont organisées selon des principes managériaux.

Au lieu de proposer une définition préalable de la « communication des ONG humanitaires » en combinant, dans une formule ramassée, tous les éléments évoqués, on a choisi de présenter les arguments mobilisés pour expliquer le succès social de ce phénomène. Le premier type d'explication – largement présent dans la littérature universitaire et professionnelle – est téléologique. La communication des ONG humanitaires poursuit plusieurs fins. La communication est d'abord consubstantielle de l'humanitaire, puisque le *sans-frontiérisme* est né de l'obligation morale de porter dans l'espace public un témoignage sur les situations de conflit. Le deuxième objectif concerne le financement de l'association et de ses missions. Communiquer, c'est assurer les rentrées de fonds nécessaires pour couvrir des frais de structure, les actions menées sur le terrain et les investissements à venir en termes de collecte. Troisième explication téléologique : la promotion de l'ONG. Pour exister dans un champ humanitaire de plus en plus concurrentiel, il est nécessaire de faire connaître sa marque (ses actions, son positionnement idéologique, son mode de fonctionnement) auprès des donateurs ou des bailleurs publics potentiels. Enfin, la dernière explication renvoie à la nécessité de mobiliser les différentes populations (adhérents, bénévoles, volontaires, salariés) qui participent, chacune à leur façon, à l'œuvre humanitaire. Cette typologie appelle un commentaire rapide. Si elle présente à coup sûr des repères commodes, elle pêche par son simplisme en oubliant

---

[1] Voir sur cette question Meyer D., « ONG : une catégorie juridique introuvable, une définition utilitaire », in Siméant J. et Dauvin P. (dir.), *ONG et humanitaire*, Paris, L'Harmattan, 2004, p.139-151. Voir aussi Ryfman P., *Les ONG*, Paris, La Découverte, 2004, p. 28-29.

que les actions de communication, même lorsqu'elles sont rattachées à l'une des catégories recensées, répondent toujours, intentionnellement ou non, à d'autres fins. Pour ne prendre qu'un exemple, il serait réducteur de considérer la diffusion du spot télévisé de MSF sur les camps bosniaques en décembre 1992 simplement comme une opération de témoignage. En effet, le choix du média, le moment, la forme du message[2], la signature par le logo sont autant de signes qui montrent qu'il est aussi question de solliciter des dons et de produire de la visibilité institutionnelle.

Le deuxième type d'explication souligne l'importance des techniques dans l'essor de la communication humanitaire. Il existe sur le marché des outils variés qui sont issus du marketing (l'informatisation des fichiers, le couponing, le mailing, les produits-partage, le sponsoring) ou de la communication (la création d'événements, les campagnes de presse, les journaux internes, les *consumer magazine*). Parallèlement, internet permet aujourd'hui de démultiplier les fenêtres avec les téléchargements de bandeaux publicitaires, l'envoi de e-card, le marketing viral, les cyber mobilisations, etc. Comme la télévision qui s'appuie sur des moyens techniques de plus en plus performants, le web conforte les formes du « genre humanitaire » et renouvelle celles de l'interpellation publique. On aurait tort de sous-estimer la pertinence de cette explication. Il suffit d'ailleurs, pour s'en convaincre, de rappeler l'efficacité des dispositifs qui sollicitent les dons par le biais des nouvelles technologies. Il ne faut cependant ni se laisser abuser par l'idée que l'ensemble des médias s'alignerait mimétiquement sur les cadrages télévisuels, ni oublier que les techniques, aussi nouvelles soient-elles, reformulent souvent des répertoires ancrés dans l'histoire[3]. Enfin, à trop accorder de pouvoir à la technique, on masque les conjonctures et les ressources des professionnels ou des publics dans l'usage qui en est fait.

Le troisième type d'explication permet de pallier cette dernière critique. Philippe Juhem[4] montre ainsi que le discours humanitaire est promu par un ensemble d'acteurs spécialisés, organisés et coordonnés, en vue de ramener des fonds. À cela, il ajoute que les dons récoltés favorisent la professionnalisation des entreprises humanitaires. Autrement dit, selon une logique circulaire, le succès non démenti du discours des ONG depuis les années quatre-vingt a nourri son

---

[2] Une victime commente : « J'ai vu Auschwitch, il m'est arrivé la même chose. » Puis, avant le plan final sur le logo de MSF, une phrase à l'écran : « Maintenant, nous savons. »
[3] Voir sur ce thème Dufourcq N. (dir.), *L'argent du cœur*, Paris, *Hermann*, 1996.
[4] Juhem P., « La légitimation de la cause humanitaire », L'humanitaire en discours, *Mots*, n° 65, mars 2001, p. 9-26.

institutionnalisation et l'émergence d'un corps de professionnels capables de justifier la nécessité de communiquer sur la cause. L'hypothèse de l'action « volontariste » des communicants qui créent le besoin de leur existence est séduisante, sous réserve de ne pas sombrer dans l'illusion héroïque. Elle ne doit pas faire l'impasse, en particulier, sur les stratégies de résistance aux intentions impérialistes des communicants ; certains humanitaires, soucieux de démêler les genres, pensent que l'interpellation des pouvoirs publics ne relève pas de la compétence des professionnels de la communication, sauf à les cantonner à un rôle d'auxiliaire technique (rédiger un communiqué de presse par exemple). Aussi, plutôt que de faire de ces communicants les démiurges qu'ils ne sont pas, peut-être faut-il plus simplement inscrire leur démarche dans un processus plus large de division du travail visant, tant bien que mal, à maîtriser les incertitudes des jeux sociaux.

Un dernier type d'explication peut être recensé : la transformation du « champ » des ONG. Cette transformation est marquée principalement par une tendance lourde des ONG à la professionnalisation[5]. On assiste en effet depuis la fin des années quatre-vingt à une mutation structurelle, sous la pression conjuguée de bailleurs de plus en plus exigeants et d'organisations qui produisent leur propre besoin bureaucratique. Dans le cadre de cette professionnalisation, les ONG ont une autonomie suffisante pour porter un discours qui vise à défendre, sur un marché concurrentiel, une image rentable économiquement. Dès lors, comme les élus dans le champ politique, les humanitaires se sentent « sommés », pour rester dans le jeu, de recourir aux mêmes armes que leurs concurrents. Ces données macro-sociales sont indispensables à la compréhension de l'essor de la communication des ONG humanitaires. Elles ne prennent cependant tout leur sens qu'à deux conditions. La première est de prendre en compte la structuration des « champs » voisins : celui des médias qui, à mesure qu'il se professionnalise, crée une distance entre le journaliste et l'humanitaire et celui des agences qui, en ajustant le marketing commercial aux causes, structure le marché du don. La deuxième condition est de penser comment les logiques de « champ » cadrent les relations entre les différents espaces, tout en cherchant la dynamique propre des interactions.

Ces paradigmes (téléologique, technique, héroïque, structurel[6]) ne sont pas isolés les uns des autres. Bien au contraire. Il est cependant

---

[5] Sur la professionnalisation des ONG humanitaires et ses ambiguïtés, voir Dauvin P. et Siméant J., *Le travail humanitaire*, Paris, Presses de Science Po, 2002.
[6] Pour une approche comparable à propos de la communication locale, voir Legavre J.-B., « L'horizon local de la communication politique », *Politix*, n°28, 1994, p. 76-99.

difficile d'articuler toutes ces explications dans le même mouvement. Ce n'est pas l'ambition de cet ouvrage, même si chacune de ses parties renvoie à plusieurs de ces explications.

La professionnalisation de la communication humanitaire

Trajectoires, métier et sens social des pratiques

Trois contributions traitent prioritairement de la professionnalisation de la communication humanitaire. La première, celle de Jean-Baptiste Legavre, offre une perspective originale. L'auteur part de la trajectoire d'une communicante diplômée du CELSA, qui se définit comme une professionnelle salariée d'une grande ONG. Puis, il analyse le parcours de la communicante d'une petite ONG – juriste de formation – qui considère son activité comme une affaire de bon sens. Tout semble, de ce point de vue, différencier les deux enquêtées. Mais Jean-Baptiste Legavre ne s'arrête pas à cette première lecture. Il rappelle que le diplôme est une « ressource » qui n'efface pas le « poids » des socialisations antérieures. D'ailleurs, en examinant ces socialisations, il dévoile des univers communs (médical, militant, religieux) et des frustrations ou des ruptures communes. Il montre ainsi que ce qui permet d'entrer et de faire carrière dans la communication des ONG n'est pas que le « titre », mais une adhésion vécue sur le mode de l'évidence à la Cause, qui trouve ses origines bien avant le recrutement. Ce n'est pas dire que cette adhésion se ferait selon un modèle unique[7], que les « ressources » sociales pèseraient de la même manière dans une grande et une petite ONG, mais que les socialisations, à commencer par la socialisation familiale, contribuent à définir ce qui est possible et ce qui est pensable.

Par bien des aspects, la contribution d'Isabelle Finkelstein, qui raconte son expérience de directrice de la communication à MDM, fait écho à celle de Jean-Baptiste Legavre, notamment quand elle évoque sa trajectoire et son entrée en humanitaire. Plus généralement, les thèmes abordés croisent différentes problématiques des sciences sociales. Il est en effet question de sociologie des professions, quand sont abordés les conflits de voisinage entre marketing et communication, la mise en cohérence des discours ou la revendication d'un « bon » usage des techniques de communication. Les propos ramènent ensuite aux logiques

---

[7] Les trajectoires – différentes - d'Isabelle Finkelstein et d'Anne Fouchard présentées dans leur contribution le prouvent.

d'organisation : quelle place pour les « opérationnels » dans les dispositifs de communication ? Quels circuits de validation dans une institution de plus en plus complexe ? Mais le plus frappant est peut-être la référence constante à la tension entre engagement et professionnalisation. Le quotidien de la *dir com'*, présenté sous formes d'anecdotes, est alors riche d'enseignements sur la manière dont les communicants pensent leur engagement et celui de l'autre.

La contribution de Denis Maillard déplace la perspective en prenant en compte le temps long. L'auteur montre que communication et humanitaire sont consubstantiels : le mouvement humanitaire issu du *sans-frontiérisme* suppose un besoin de parole face à la souffrance, dès lors que les hommes pensent pouvoir la conjurer. Au-delà de cette justification morale, le développement de la communication dans les ONG est aussi à chercher, selon lui, dans l'importation de techniques qui permettent de se faire mieux entendre. L'intérêt de la démonstration n'est pas alors d'évaluer les savoir-faire au regard des codes professionnels, mais de souligner comment leur usage révèle les questionnements liés à l'évolution du monde humanitaire et à la société dans laquelle elle s'inscrit. Il explique ainsi que l'institutionnalisation de la communication interne à MDM a modifié le régime associatif et canalisé les débats, de sorte qu'émerge une parole légitime. Dans le même sens, il évoque les relations avec la presse qui cherchent, aujourd'hui, moins à montrer la souffrance que le travail de la « marque » sur cette souffrance. Enfin, avec l'exemple du *consumer magazine*, il développe l'idée que la concurrence sur le marché humanitaire impose une rhétorique – difficile à dépasser –, fondée sur les valeurs de l'ONG, son expertise médicale et une représentation compassionnelle des victimes conforme à « l'esprit démocratique ».

Une réussite paradoxale

Ces trois contributions apportent des éclairages à la fois différents et communs sur la professionnalisation de la communication humanitaire. Différents, car elles se focalisent sur les trajectoires d'acteurs, l'exercice du métier ou le sens social des pratiques. Communs, parce qu'elles disent, au moins en filigrane, la légitimité contestée de la communication. Plus largement, ces contributions rappellent combien le terme de communication est « élastique », en se référant aussi bien à des formes « engagées » qu'à des logiques, délégitimées, de « marque »[8].

---

[8] Sur ce sujet, voir Dacheux É., *Association et communication. Critique du marketing*, Paris, CNRS-Éditions, 2005.

Introduction

Les acteurs situent bien évidemment la communication entre ces deux pôles selon leur trajectoire, leur position ou la culture de leur ONG. Cela dit, même si les frontières sont plus ou moins floues, la communication tend à être entendue d'abord comme un ensemble de pratiques managériales. Ce changement d'équilibre entre « communication engagée » et « communication managériale » est perceptible à mesure que le champ humanitaire se transforme. Trois épisodes permettent de scander ce glissement. Le premier concerne la création, à l'initiative de Bernard Kouchner, en 1969, d'un comité contre le génocide au Biafra. Ici, l'acte de communication est compris comme une dénonciation qui justifie la création d'un mouvement, *le sans-frontiérisme*, alliant le soin et la parole. À la fin des années soixante-dix, l'affrètement du bateau « L'île de lumière » pour aider les « boat people » prolonge la séquence biafraise. Cette nouvelle séquence oscille entre deux objectifs de communication. D'un côté, elle répond à une considération politique propre au champ intellectuel : la dénonciation des régimes communistes. De l'autre, elle signifie la nécessité pour les humanitaire de faire connaître leur action. Cette dernière intention annonce un troisième épisode qui sous-entend une vision plus pragmatique de la communication. Olivier Weber[9] raconte dans son épopée des *French Doctors* que Claude Malhuret[10], bluffé par les moyens des organisations américaines en Thaïlande, décide au début des années quatre-vingt de rencontrer le responsable financier du Parti Républicain. Celui-ci lui explique comment constituer un fichier de donateurs et le rentabiliser. À son retour des USA, il contacte une agence de marketing afin de lancer une campagne de fonds. Xavier Emmanuelli rédige un texte sur le calvaire d'une petite ougandaise malnutrie. La plaquette, envoyée à des abonnés du *Pèlerin Magazine*, mobilise bien au-delà des prévisions. Cette séquence, en marquant l'entrée des ONG dans l'ère du *fundraising*, éclaire bien des questionnements liés à la professionnalisation de la communication.

À l'heure des premiers mailings, la communication n'est pas encore contestée. Elle est une activité ludique, dans laquelle on s'investit par plaisir, en jouant d'une position, d'un goût pour l'écriture ou d'un réseau pour mobiliser, à l'extérieur, des spécialistes du marketing. Il n'y a pas à ce stade de communication organisée. Le développement de la communication devient en fait acceptable à mesure qu'elle est perçue comme un axe stratégique, indispensable à

---

[9] Weber O., *French Doctors*, Paris, Robert Laffont, 1995, p. 304-305.
[10] Claude Malhuret a été président de MSF de 1979 à 1986.

la bonne marche de l'institution. Dans cette deuxième étape, la communication se construit dans l'ombre du marketing. Sous la même dénomination sont agrégés des communicants venant d'horizons divers (médecine, communication, marketing, journalisme)[11], leur force résidant moins dans une formation – parfois déclassée – que dans la capacité à exercer leurs compétences conformément à « l'esprit » humanitaire. En alliant savoir-faire et sincérité dans l'engagement, ces communicants contribuent à convaincre les responsables des ONG de l'intérêt de développer leur activité. Leurs arguments ne sont pas vécus comme une revendication corporatiste, mais comme une nécessité dans une société de plus en plus communicationnelle. Cette montée en puissance s'accompagne de moyens budgétaires[12] et humains[13] destinés, pour l'essentiel, à fabriquer une image, créer des événements, collecter des fonds, mobiliser des publics (bénévoles, salariés, donateurs).[14] Ainsi définie, la professionnalisation suppose le recrutement de communicants qui maîtrisent les savoir-faire pour imposer la « marque » dans un contexte concurrentiel.

La communication qui se professionnalise est toutefois une activité déconsidérée[15]. Plusieurs raisons sont avancées pour l'expliquer : elle n'est pas au cœur de la raison sociale des ONG (soigner), sa vocation n'est pas aussi noble que celle du témoignage et les rhétoriques liées au don sont, selon l'expression indigène,

---

[11] La diversité est d'autant plus grande que les frontières du secteur de la communication sont elles-mêmes floues.

[12] MSF a dépensé en 2008 1,8 millions d'euros (articles, colloques, formation : 31% ; films, livres, témoignages : 15% ; opérations presse : 11% ; information donateurs : 39% ; expositions : 4%). 15,7 millions d'euros ont été dépensés pour l'appel à la générosité (frais de collecte hors le traitement des dons). En 2008, Handicap international a consacré 13,1 % de son budget à l'appel et la gestion des dons et 1,4% à l'information des médias et de l'opinion. La même année, ACF a dépensé 1,02% de son budget à l'information et la sensibilisation et 13,67% à la collecte de fonds.

[13] Il est aussi difficile de repérer les dépenses de « communication » (la définition de ce qui ressort de ce secteur n'est pas stable) que d'identifier le nombre de salariés ou de bénévoles qui font de la communication (toutes les activités qui pourraient relever de cette activité ne sont pas labellisées comme telles). Par conséquent, à titre purement indicatif, le département « communication et collecte » de MSF comprend une vingtaine de salariés répartis sur les deux secteurs. La direction « communication et développement » de ACF comprend elle aussi une vingtaine de personnes dont la moitié sont des bénévoles.

[14] Par exemple, la direction du développement et de la communication de HI est composée de trois services, dont deux (la collecte de fonds et le commerce solidaire) relèvent directement de logiques marketing. Le rôle de la communication – que l'organigramme identifie comme « institutionnelle » - consiste principalement à promouvoir l'image de l'ONG et à éditer des plaquettes.

[15] Sur ce point voir, par exemple, Juhem P., « Parler ici des malheurs lointains. Les nécessités des énoncés humanitaires et leurs effets sur la constitution des angles journalistiques. », in Siméant J. et Dauvin P. (dir.), *op. cit.*, p. 213-253. Voir aussi Lefevre S., « *Mobiliser les gens, mobiliser l'argent : les ONG au prisme du modèle entrepreneurial* », thèse pour le doctorat de science politique, dir. Frédéric Sawicki, Lille, novembre 2008.

« putassières ». Rares sont ceux qui assument ces critiques et font, quelle que soit l'arène, de la manipulation une vertu. Les communicants des ONG ont en effet tendance à se distancier du rôle. Pour cela, ils valident les critiques et imputent aux agences ou à leurs concurrents les mauvaises manières. Dans le même ordre d'idée, ils méprisent l'injonction à communiquer et les ficelles avilissantes du métier, comme par exemple « draguer » les journalistes ; ils cherchent à ne pas trop en faire et sont raisonnables dans leurs exigences et la promotion de leur activité. Cette distance est un signal de « bonne » conduite, d'abord en direction des membres « opérationnels » de l'ONG. Cela dit, elle est aussi parfois une réaction de défense face aux offensives publicitaires décomplexées initiées par les responsables des ONG en quête d'image.

Cette posture est d'autant plus facile, pour ceux qui intègrent les ONG dans les années quatre-vingt-dix, que leurs trajectoires les prédisposent souvent plus à la défense de la cause qu'à l'orthodoxie professionnelle. La génération suivante vit différemment le dilemme. Comme dans la précédente, les communicants de cette génération peuvent avoir une expérience dans le secteur privé, associatif, parfois public ou dans des agences spécialisées du secteur « non marchand ». Mais ce qui les différentie de leurs aînés, c'est le titre universitaire. Socialisés à la communication par le biais de leur formation, ils se sentent moins obligés à l'auto flagellation ; ils revendiquent les « bonnes » pratiques, celles qui sont conformes aux règles et aux réflexions éthiques codifiées par la profession. Dans le même temps, la régression sur cette compétence conforte le rôle purement technique dans lequel la division du travail les enferme, même si cela, bien entendu, ne présage en rien la manière dont ils négocient leur engagement au quotidien et trouvent dans l'institution ou dans leur histoire les raisons de rester (ou non) dans le jeu. Quel que soit son degré de *managérialisation*, l'institution a toujours la possibilité d'entretenir la flamme des communicants ou de les faire « naître » à l'humanitaire, quand c'est, par exemple, une formation universitaire qui leur a ouvert l'horizon des ONG.

La discussion sur la légitimité est un angle utile pour appréhender la professionnalisation de la communication humanitaire. Elle ne doit pas cependant laisser croire que le secteur serait fragile. Les raisons de communiquer, on les a identifiées, sont suffisamment nombreuses et le consensus sur l'importance des savoir-faire est suffisamment établi, pour que les communicants ne soient pas hors jeu. La position des communicants est par ailleurs confortée par leur rôle d'intermédiaire avec le monde des agences et celui des médias. Dans l'esprit de ces deux mondes, le communicant de l'ONG est un maillon nécessaire et naturel de la division du travail.

Les coproducteurs du discours humanitaire

Modèle marketing et pratiques journalistiques

La contribution d'Antoine Vaccaro ne rappelle pas seulement que le marketing social a bouleversé le rapport du secteur non marchand aux ressources privées ; elle reprend les grandes lignes d'une théorie opérationnelle qui transpose les règles du marketing industriel et commercial à celui des causes humanitaires. En adoptant une démarche analogique qui fait du donateur un consommateur dont l'ONG satisfait les attentes morales, il fait de la communication une « politique de distribution », qui met le client en lien avec la cause et qui permet, grâce à la médiatisation de l'action, de contrôler l'usage des fonds alloués. Le don est alors perçu, même s'il s'inscrit dans un marché, comme un acte militant. La collaboration de HI avec l'auteur est de ce point de vue éclairante : l'interdiction des mines est une cause (la politique de produit) qui justifie un don (la politique commerciale), que les relations presse, l'événementiel, la publicité et le mailing rendent possibles. La conclusion d'Antoine Vaccaro souligne qu'il faut prendre au sérieux ces rationalisations. Elles constituent, en effet, des modèles pour agir qui circulent d'un espace à l'autre, depuis les agences ou les ONG, jusqu'aux universités et aux grandes écoles.

La contribution d'Antoine Vaccaro montre en creux comment s'établit, à partir d'un modèle marketing, une relation de clientèle entre les agences et les ONG ; le texte de Christophe Ayad témoigne d'un autre type de relation : celui des médias et de l'humanitaire. Au-delà de la fascination et de la confusion entre les deux mondes, les relations professionnelles entre médias et ONG sont ambiguës. D'abord, lorsqu'il est à Paris, le journaliste est confronté à des ONG qui souhaitent généralement « soigner » leur image. Elles mobilisent à cette fin leurs attachés de presse, de façon plus ou moins professionnelle. Ces sollicitations sont toutefois souvent vaines car, même quand il est au siège de sa rédaction, le journaliste est plutôt en quête d'informations sur les conflits. Dans ce cas, c'est lui qui contacte les ONG en passant par des informateurs, préalablement rencontrés lors des reportages, plutôt que par les services communication. Les relations sont également ambiguës sur le terrain. Dans les situations d'urgence, les ONG, entendues comme des institutions, mais aussi comme un ensemble d'acteurs avec lequel le journaliste a des affinités, sont à la fois des recours logistiques et des sources privilégiées. Le journaliste conclut alors, sans dire qu'il serait sous l'emprise des ONG, que l'humanitaire n'est pas, en soi, un sujet d'investigation.

Ces deux contributions abordent le thème de la coproduction du discours humanitaire sur des plans différents. Elles ont cependant en commun de renvoyer, l'une et l'autre, à des questions classiques de sciences sociales. Le texte d'Antoine Vaccaro, plus particulièrement, rappelle que les auxiliaires du discours humanitaire évoluent dans des espaces structurés. Les communicants en agences, mais cela vaut aussi bien évidemment pour les journalistes, appartiennent à des mondes qui ont des règles et des systèmes de justification spécifiques. Néanmoins, ces acteurs ne sont pas soumis seulement aux lois de leur « champ » respectif. De ce point de vue, le texte de Christophe Ayad insiste sur la nature des relations entre coproducteurs du discours, relations faites de sous-entendus, de malentendus ou d'intérêts bien compris. Les interactions des journalistes et des ONG, comme d'ailleurs celles des ONG et des agences de communication, ont leur propre dynamique. On se propose, dans le point suivant, de remettre brièvement en perspective ces questions pour rappeler que le discours humanitaire n'est pas fabriqué en autarcie, mais qu'il est le résultat de collaborations à la fois confiantes et méfiantes.

Les conditions de production des énoncés humanitaires

Pour comprendre les conditions de production des énoncés humanitaires, considérons d'abord les agences. Elles peuvent schématiquement être regroupées en quatre familles. À l'origine, il y a les grands groupes de communication qui commencent à s'intéresser aux ONG au milieu des années soixante-dix, sans toutefois les considérer comme des clients et sans méthodologie particulière[16]. Aujourd'hui encore, ces grandes agences (DDB, Publicis, Euro RSCG) proposent aux ONG des campagnes publicitaires, gracieusement ou à des tarifs préférentiels. On peut identifier à côté de ces entreprises généralistes, un

---

[16] L'affiche réalisée en 1976 pour MSF avec pour slogan « Deux milliards d'hommes dans leur salle d'attente » est considérée comme la première campagne *corporate*. Georges Dupuy, dans un article pour *L'Express* de décembre 2001, note à ce propos : « Jamais les *French Doctors* n'auraient eu les moyens de se payer une campagne nationale si, craignant d'être écharpés lors d'un *Dossier de l'écran*, les grandes agences de pub n'avaient décidé de se faire une virginité en mettant en avant – gratuitement - une organisation sans image. »

autre type d'agences qui revendiquent une spécialité : publicitaire, graphique, audiovisuelle, événementielle, rédactionnelle (Australie ou Séquoia). La troisième famille apparaît à la fin des années 1980. Souvent créée par d'anciens membres d'ONG, elle cible une clientèle associative. Sa vocation est de définir des stratégies de campagne, de fabriquer des mailings ou de gérer des bases de données (Optimus, l'Agence Verte). Enfin, à partir des années 2000, le marché se recompose. TBWA rachète Excel (pionnière de la collecte de fonds) et crée un département *non profit* qui met en avant les compétences d'un grand groupe dans le format des agences indépendantes et engagées.

Cette cartographie sommaire rappelle, contrairement à une idée commune, que « l'annonceur » n'est pas complètement maître dans la production de sa communication. La relation entre agences et ONG est en effet cadrée par des facteurs économiques. Certaines agences, on l'a dit, proposent des services à prix réduits (plus que réellement gracieux). Il s'agit là pour elles du coût de l'ennoblissement et de leur promotion. Dans cette configuration financièrement avantageuse pour les ONG, la marge de manœuvre de ces dernières est réduite. L'absence de mise en concurrence et de réel *brief* – surtout quand l'agence a démarché l'organisation humanitaire avec une idée – obligent les ONG à accepter une gestion moins « soutenue » du dossier. Tirant les leçons de ce constat, certains entrepreneurs ont fait émerger un secteur *non profit* qui vend le service au prix du marché pour garantir un traitement « clientèle » à l'ONG[17]. La relation entre les partenaires dépend aussi du positionnement des ONG dans l'espace humanitaire. MSF, par exemple, considère avant tout les agences comme des auxiliaires techniques et les sollicite à la marge pour éviter de « corrompre sa marque ». Les communicants de MSF cherchent à imposer dans l'échange « leur » façon de faire – avec plus ou moins de succès –, quitte à être renvoyés par les professionnels des agences à la suffisance du baroudeur. D'autres, moins en force, se rangent aux arguments du marketing social et développent avec les agences des campagnes globales, jouant à la fois sur la notoriété, la recherche de fonds et la sensibilisation. Cela dit, la réputation de l'ONG et son positionnement à l'égard de la communication ne sont pas les seules variables qui pèsent dans l'interaction. Les routines relationnelles, les réseaux interpersonnels, la capacité à parler la communication humanitaire avec

---

[17] Du fait de ce positionnement, les autres agences, généralistes ou spécialisées, proposent désormais, plutôt qu'un travail gratuit, une tarification spéciale pour les ONG.

les bonnes intonations, la fascination pour le « génie » créatif[18] peuvent orienter le sens de la collaboration.

Il convient maintenant de considérer l'espace médiatique pour cerner les conditions de production des énoncés humanitaires. Il serait bien évidemment illusoire de chercher à proposer une cartographie du paysage médiatique. Faute de pouvoir tenir cette ambition démesurée, on se contentera de rappeler, en préambule, quelques généralités. L'humanitaire est un thème qui intéresse les médias, parce qu'il correspond aux attentes du public qui fait vivre les entreprises de presse. Cela explique en partie pourquoi, dans l'histoire du journalisme occidental, les médias sont le relais et les opérateurs de la solidarité et pourquoi, grâce à l'évolution des techniques et sous l'effet de la concurrence, ceux-ci cherchent à montrer l'urgence de l'urgence. On peut tirer un enseignement de cette logique de marché : la presse écrite ou télévisée traite l'humanitaire selon des angles ajustés à ses cibles, en privilégiant parfois l'analyse et souvent l'émotion. Il faudrait montrer précisément comment les journalistes répondent aux contraintes de leur espace professionnel[19] et ont besoin, pour des raisons qui ne sont pas seulement économiques, des ONG[20]. Si ces approches classiques sont utiles à l'analyse, elles ne doivent pas faire oublier que les productions médiatiques sont aussi tributaires du travail de leurs sources. On ne parlera pas ici des sources politiques – pourtant essentielles, dès lors que l'humanitaire est devenu, pour elles, un moment de la médiatisation des crises – mais du travail des ONG vers les médias.

Le discours humanitaire est en effet le résultat d'une offensive des communicants en direction des journalistes, même si ce volontarisme n'est ni toujours utile, ni tout-puissant. Croire que les relations avec les journalistes se réduiraient à des techniques d'enrôlement ou d'instrumentalisation, plus ou moins consentis, serait partiel. D'ailleurs, sur le terrain, les grands reporters ou les correspondants locaux des médias tissent généralement un système de relations privilégiées avec les chefs de mission des ONG, en dehors de toute intervention des communicants[21]. De la même manière, le travail de ces derniers peut être contingent si l'ONG se démarque de ses concurrents, comme dans

---

[18] Séduite par la proposition créative de l'agence Australie, MSF se laisse imposer une campagne de sensibilisation sur le paludisme, alors que l'intention initiale de l'ONG était de récolter des fonds.
[19] Pour un exemple de ce type d'approche, voir par exemple Brauman R. et Backmann R., *Les médias et l'humanitaire, éthique de l'information ou charité spectacle*, Paris, CFPJ, 1996.
[20] Sur cette question, voir Dauvin P., « Le public humanitaire des journalistes. Discours sur les enjeux et les formes d'une relation. », in Dauvin P. et Legavre J.-B. (dir.), *Les publics des journalistes*, Paris, La Dispute, 2008, p. 45-64.
[21] *Ibid.*.

l'exemple de MDM au Kosovo. Dans cette configuration de monopole, l'observation du travail humanitaire est un sujet en soi. Le journaliste qui tient la Victime et le Sauveur dans un camp a toutes les chances, la routinisation des pratiques et les contraintes de format aidant, de choisir un angle favorable à l'ONG[22]. Le communicant est en revanche plus offensif lorsque la concurrence est rude, même si, là encore, les moyens mis en œuvre pour solliciter les journalistes ne produisent pas nécessairement les effets escomptés. C'est le cas quand l'ONG est mal placée dans les hiérarchies humanitaires établies par les médias. C'est le cas aussi quand elle organise des voyages de presse, méprisés par les journalistes les plus crédibles, au nom de leur déontologie professionnelle ou de leur autonomie technique[23]. Enfin, les communicants doivent parfois gérer une difficulté presque paradoxale : convaincre les équipes de terrain de collaborer avec les médias. Dans les ONG les plus reconnues, les expatriés ont en effet tendance à s'approprier les critiques sur le travail journalistique et à refuser les « gêneurs ».

Sur le terrain, même si le travail est codifié, les relations avec la presse dépendent largement des dynamiques locales. Au quotidien, au siège des ONG, ce travail est beaucoup plus routinisé. Avec la professionnalisation, les communicants ont acquis, à l'expérience ou par leur formation, une connaissance sociologique du métier de leurs partenaires. Des dossiers de presse et des communiqués « anglés » sont envoyés à une sélection de journalistes stratégiquement choisis. Dans les domaines où l'enjeu n'est pas d'abord politique, les communicants, souvent de « petites mains », stagiaires ou jeunes diplômées, argumentent moins en mobilisant le registre de la compassion qu'en montrant l'ajustement de l'information à la ligne éditoriale, l'esprit de la rubrique ou l'audience du média. Cette offensive bien structurée[24] concerne surtout les ONG qui cherchent, en créant l'événement, à consolider leur notoriété. Les plus « cotées » peuvent, elles, se contenter de leur réputation ou de faire jouer des réseaux personnels. Là encore, rien ne garantit que le journaliste ou la rédaction répondront

---

[22] Cela est vrai principalement pour les journalistes de télévision, les *free lance* et les envoyés spéciaux. Les grands reporters de la presse nationale sont moins enclins à reprendre ce type d'angle, même si leur rédaction peut intervenir pour recadrer le traitement du sujet. Sur ces questions, voir Dauvin P. « Le traitement journalistique des crises au regard de la sociologie de la production de l'information », in Le Pape M., Vidal C. et Siméant J. (dir.), *Crises extrêmes. Face aux massacres, guerres et génocides*, Paris, La découverte, « collection Recherches », 2006.
[23] Ce principe souffre toutefois des exceptions, pour des raisons pratiques (avoir accès à certaines zones dangereuses par exemple) et économiques.
[24] Dans certaines ONG, la personne chargée des relations presse définit avec les stagiaires les objectifs à obtenir après une relance : une brève en presse écrite, des annonces en radio, un sujet à la télévision locale ou régionale.

favorablement à la sollicitation. L'objectif est même de plus en plus compliqué car, outre l'inflation d'événements – humanitaires ou pas – , l'image des ONG auprès de journalistes qui leur étaient acquis s'est écornée, à la faveur des scandales et des réflexions critiques sur la légitimité des appels aux dons.

La quête d'une rhétorique acceptable

L'emprise de la figure victimaire

On a vu, sans prétendre à l'exhaustivité, que les conditions de production des énoncés humanitaires dépendaient des logiques propres à chaque espace professionnel et des relations entre ces espaces. De la combinaison de ces deux facteurs naît un discours principalement centré sur la victime humanitaire. Cette représentation, largement dominante, n'est pas toutefois que le résultat d'un cadrage négocié où chacun (dont les bailleurs politiques de l'humanitaire) trouve son compte. Elle est une matrice d'autant plus naturelle que les acteurs circulent d'un espace à l'autre ; les journalistes et les communicants en agence peuvent être membres d'une ONG ou reconvertir leurs compétences dans l'humanitaire ; les communicants chez « l'annonceur », pour reprendre une terminologie professionnelle, font souvent carrière dans plusieurs ONG ou candidatent dans les agences. En circulant ainsi, les acteurs transportent des modèles qui finissent par aller de soi, lorsque s'enchaînent les transactions, qu'il s'agisse d'une relation de clientèle entre l'ONG et l'agence, de l'interdépendance professionnelle des ONG et de la presse ou de leurs partenariats à l'occasion des drames humanitaires.

Le mailing, le journal des donateurs, l'affiche, le site web, le spot télévisuel ou encore le reportage journalistique, jouent généralement sur le registre de l'émotion et de l'indignation. Comme l'a montré Luc Boltanski[25], la victime est un « canal d'intelligibilité », une médiation symbolique qui sensibilise à l'humanitaire et permet le don qui fait agir. Elle est présentée comme une individualité souffrante, un personnage générique de l'Humanité. Elle est donnée à voir comme une figure « pure », délestée, sur les affiches au moins, de ce qui pourrait heurter : les variables sociales (l'ethnie, la religion, la classe sociale) ou une quelconque responsabilité dans le malheur. Les vieillards, les femmes ou les enfants sont donc préférés aux combattants, comme si la fatalité transmuée en

---

[25] Boltanski L., *La souffrance à distance*, Paris, Métaillé, 1995.

injustice était encore plus insupportable quand les victimes sont sans défense. Les figures privilégiées sont finalement une sorte de plus petit dénominateur commun entre des victimes universelles et les motivations supposées du public. Trouver le plus petit dénominateur suppose de « naturaliser » l'action humanitaire pour faire oublier la genèse politique des problèmes. Cela suppose aussi de proposer un récit qui s'appuie sur une biographie sélective et affectée de cas particuliers. Ces représentations victimaires sont en fait sans contexte. La société dans laquelle vivent les victimes n'est pas montrée, pas plus que les causes culturelles de la souffrance. L'affiche comme le journal des donateurs fait globalement l'impasse sur l'origine des conflits, la légitimité des luttes ou les raisons structurelles des crises. Ces figures sans histoire politique sont devenues un genre, parfois même esthétique. Elles sont construites selon des standards explicitement identifiables dans l'univers iconographique. L'efficacité sociale de cette mise en scène tient cependant aussi à la capacité de véhiculer des signes culturellement accessibles au public occidental. Les références à la souffrance du Christ, à la Madone ou à la Shoah proposent une sémantique de la douleur d'autant plus familière qu'elle est largement sollicitée par les activités sociales, comme la publicité, qui ordonnent le monde en signes[26].

Si l'humanité semble perdue dans le malheur, elle réapparaît sous les traits du Sauveur. La Victime a du sens si une solution est envisageable. Le récit humanitaire est donc organisé autour des vertus des acteurs humanitaires. Cette « héroïsation » en images et en mots est aisément lisible. Mieux, elle est crédible aussi, car elle s'appuie, là encore, sur les représentations convergentes proposées par la littérature, le cinéma, la publicité ou le journalisme, chacun, selon son public, choisissant son modèle, baroudeur au grand cœur ou infirmière dévouée[27]. Ces modèles ne tiennent pourtant pas en soi, mais existent dans leur relation au corps souffrant, là-bas. L'oubli de soi dans l'autre n'est possible dans l'imaginaire humanitaire que sur le terrain. C'est là en effet, dans les situations hostiles, que se signifie le mieux le charisme du héros. D'ailleurs, cette valorisation du terrain est une façon de revenir à la légitimité première de l'humanitaire et de dénier les logiques bureaucratiques[28].

---

[26] Ménard P., *La victime écran*, Paris, Textuel, 2002, p. 50.
[27] Sur ces différents modèles, voir par exemple Lebart C., « Fiction héroïque et légitimation : la collection *Médecins de l'impossible* », *Mots, op. cit.*, p.76-96.
[28] Ainsi, dans ce mailing, HI anticipe les critiques en prévenant les possibles dérives de la professionnalisation : « Ce message envoyé de Phnom Penh nous coûte moins cher qu'envoyé de France. Nous réalisons ainsi des économies. »

Introduction

Une activité « éthique »

Ces matrices, aussi efficaces soient-elles, ne vont pas sans poser problème. Les images indécentes et le voyeurisme assènent une culpabilité qui conduit à mettre un prix sur le destin des victimes. Ces critiques ont contribué, à partir du milieu des années quatre-vingt, à une réflexion sur la « déontologie humanitaire ». Yves Poirmeur rappelle à ce propos que cette « déontologie » est un moyen de rassurer les donateurs. La Charte de déontologie des organisations faisant appel à la générosité du public – qui reprend largement les dispositifs législatifs ou réglementaires existants – invite à respecter « la dignité des personnes représentées ». Dans un milieu marqué par l'enchantement du dévouement, il apparaît indispensable aux acteurs, humanitaires ou non, d'adapter les grammaires de présentation de « la souffrance à distance », en encourageant les images ou les textes dignes et décents. Yves Poirmeur mentionne alors le travail des professionnels du *fundraising* pour répondre aux objections et rendre leurs méthodes acceptables. Reprenant le même thème, Sylvain Lefèvre montre, dans sa contribution, comment ces professionnels opèrent le « blanchiment symbolique » des tâches et des représentations, en direction de l'État, des bailleurs et surtout des donateurs. Il précise cependant que ce travail est le théâtre d'incessants mouvements de distinction, d'alignement et de compromis, sur ce qui se fait et se montre. Ces mouvements concernent les professionnels de la collecte qui cherchent, dans le débat, à se poser en arbitres. Mais ils affectent aussi les ONG, quand les images mobilisées par l'une d'entre elles dépassent, selon les autres, les frontières de l'acceptable. De la même manière, ces mouvements redéfinissent les relations entre les ONG et les agences, en mettant sur l'agenda la question des « bonnes » pratiques.

Le texte d'Anne Fouchard prolonge, en quelque sorte, les deux précédentes contributions. Son témoignage sur les usages de « l'éthique » au quotidien illustre une idée centrale développée par Sylvain Lefèvre ; les acteurs humanitaires font « jeu commun » sur les questions de déontologie, car ils dépendent de l'image collective du secteur ; dans le même temps, ils font, selon son expression, « jeu à part », pour se distinguer de leurs concurrents. Le témoignage d'Anne Fouchard fait également écho aux propos d'Yves Poirmeur sur l'effectivité des règles ; ce dernier souligne que ces règles, quand elles ne font pas partie de « l'habitus » des acteurs, sont l'objet d'un travail de sensibilisation qui rend leur application techniquement possible et moralement gratifiante. Dans ce sillage, Anne Fouchard décrit comment MSF ajuste la contrainte éthique à sa volonté d'indépendance (ne pas adhérer au Comité de la charte ou limiter le recours aux agences, pour ne citer que deux exemples). Puis, elle évoque la manière dont les communicants anticipent et corrigent les risques de « dérapage » dans le choix des images ou des mots. La communication humanitaire, nous dit-elle, est sous le contrôle des « opérationnels » ou de ceux qui réfléchissent les pratiques humanitaires. Parfois, ces derniers défendent, contre les règles du métier, la nécessité de complexifier le message, partant de l'idée, là encore à contre-courant, que le donateur peut tout entendre.

De ces trois contributions, deux leçons peuvent être retenues ; la question de l'acceptabilité des formes est contrainte par des enjeux sectoriels qui dépassent « l'éthique » ; ensuite, les débats peuvent infléchir les routines, si la rentabilité symbolique ou économique du message n'est pas affectée. Ces deux leçons, ainsi énoncées, permettent de relire les réactions à la campagne « Leila », proposée par ACF en 1994. En réponse à une iconographie jugée indécente, MSF et MDM testent des campagnes sans images qui intègrent la critique et retournent le stigmate à leur avantage[29]. Malgré cela, cette option publicitaire ne fera pas jurisprudence. ACF évolue aussi, dans le respect de sa signature, vers une iconographie plus proche du dénuement que de la souffrance physique. C'est le cas de la campagne de 2002. Dans le *brief*, il est indiqué que l'affiche peut être « dure », si elle préserve la dignité des personnes. Malgré l'interprétation du chef de projet de l'Agence Verte, les affiches restent dans la continuité sémiologique de celle de 1994 : un petit enfant noir, seul dans une pièce vide près d'une gamelle vide, elle aussi. Pressés de tenir l'équilibre entre la rentabilité économique et la vertu, les spécialistes du marketing et les communicants renouvellent également le style des mailings. La victime n'est plus engluée dans la fatalité. Décrite dans un registre plus ou moins libéré du pathos, cette victime, toute en dignité, cherche à reprendre son destin en main[30]. Parallèlement, les *fundraisers* inventent de nouvelles techniques de mobilisation qui substituent à l'image de la souffrance un objet qui la symbolise. On pense ici à la campagne de ACF en 2004, consistant à distribuer des flacons d'eau claire et d'eau boueuse, ou à la béquille en bois qui accompagne les

---

[29] Dans une campagne d'incitation au don, MSF substitue à l'image un slogan : « Faut-il des images pour vous convaincre que les Afghans ont besoin d'aide ? »
[30] Pour un exemple typique de cette rhétorique, voir le mailing de Handicap international qui raconte l'histoire de Sokhea : « Plutôt que de m'attarder sur la douleur et la souffrance supportées par cet enfant [...], je préfère vous dire qu'il a repris le cours de sa vie avec courage. [...] Il ne ménage pas ses efforts pour participer aux travaux des champs. »

mailings de HI. Dans le même mouvement, les communicants ne s'interdisent plus de parler des sujets qui pourraient heurter leur public. Les ONG, toujours en fonction de leur culture et de leurs ressources, proposent des cadrages alternatifs. Ces cadrages ne remplacent pas ceux qui ont fait leur preuve ; ils les complètent en évoquant les contextes politiques des missions[31], ou en traitant, marginalement et toujours sous un prétexte médical, des thèmes tabous, comme la toxicomanie ou le viol des femmes. Les réflexions éthiques peuvent enfin générer des initiatives – isolées – qui modifient le statut du donateur. MDM a de la sorte créé en 1990 un comité des donateurs, susceptible, comme celui des actionnaires d'une entreprise, de contrôler l'image de la « marque ». Plus en amont, le donateur potentiel peut être enrôlé dans le processus de communication. C'est le cas de l'exposition *Un camp de réfugiés,* organisée par MSF en 1996 où, grâce à la scénographie, le spectateur devient acteur d'un parcours didactique, destiné à le sortir de l'empathie passive[32].

Les frontières du dicible

Enchantement et critique des pratiques

On s'est intéressé jusqu'ici aux discours produits à destination du public, et principalement des donateurs. Malgré les positionnements différents des ONG, ces discours sont largement contraints. À ce constat, il faut ajouter que les débats sur la façon de signifier la souffrance ne bouleversent pas les possibles narratifs. Mais l'emprise de la dialectique Sauveur/Victime vaut-elle également entre soi ? Autrement dit, la communication à destination des membres de l'institution est-elle différente de celle qui est proposée aux donateurs ? La distinction des professionnels entre communication interne et communication externe, et les critiques indigènes sur les images humanitaires pourraient le laisser croire. La réalité est en fait plus ambivalente. En effet, les rhétoriques, qu'elles soient héroïques ou victimaires, sont présentes dans les ONG, comme si ce qui « marchait » pour le public valait aussi pour les humanitaires. La dimension épique de l'action est constamment mobilisée là où circule l'information. C'est le cas dans les journaux internes qui reprennent

---

[31] Dans le journal des donateurs de décembre 2008, MSF propose, à l'occasion d'un sujet sur les déplacés du Nord-Kivu, un éclairage politique permettant de mieux appréhender le conflit.
[32] Sur ce thème, voir l'analyse de Ménard P., « *La visibilité des victimes humanitaires* », in Siméant J. et Dauvin P. (dir.), *op. cit.*, p. 202.

parfois sans autre modification qu'un prénom des articles écrits pour les donateurs. Cela est vrai aussi dans les espaces plus informels (la machine à café), où les discussions reposent souvent sur des récits d'anciens combattants racontant aux novices ou aux complices les campagnes glorieuses.

Parallèlement, le rapport de l'institution à ses membres s'est modifié avec la professionnalisation. Il est passé d'une éthique de conviction à une éthique de responsabilité. Maintenir les raisons d'agir, c'est alors promouvoir, au nom d'un engagement critique et distancié, des discours moins enchantés sur les humanitaires et leur action[33]. Il y a donc au sein des ONG des espaces pour des argumentaires qui n'ont pas vocation à être débattus dans l'espace public. Ces argumentaires démythifient action et acteurs, discutent la pertinence des choix opérationnels et leurs limites sur le terrain. Ils dénoncent par ailleurs les comportements inadaptés des expatriés, l'inféodation aux pouvoirs, le poids endémique de la bureaucratie, l'usage des dons, les formes de la communication... Autant de thèmes qu'il vaut mieux discuter « en famille », car en faire la publicité pourrait effriter une image socialement rentable[34].

Entre soi, ce type de critiques s'inscrit dans la tradition originelle du « coup de gueule », même si ce qui est dicible, dans le cadre d'une organisation qui entend rester pérenne, est là encore contrôlé. Sans parler d'une communication interne, organisée avec les sous-entendus idéologiques de l'entreprise privée[35], les journaux à destination des publics de l'ONG (adhérents, salariés, volontaires) ont remplacé, en partie, comme à MDM, la dynamique associative en privilégiant une présentation technique des problèmes qui évite l'exposition brutale des clivages politiques. D'autres, comme MSF, ont diversifié les publications et continuent, sur des supports particuliers, à promouvoir les propos sans concession sur les décisions et les décideurs. Ce mode de discussion, encouragé par des cadres soucieux de maintenir l'effervescence associative ou une énergie revendicative salutaire, appelle deux commentaires. D'abord, il montre qu'il faut être prudent avec l'idée d'une *managérialisation* univoque dans les ONG, puisque,

---

[33] Sur ce point, voir Dauvin P. et Siméant J., *op. cit.*, p. 182.
[34] Cela ne veut pas dire que la parole humanitaire soit muselée. Relayée par les journalistes, elle fait d'ailleurs régulièrement l'objet de commentaires ou alimente la polémique. Mais les critiques sont généralement isolées et le fait d'acteurs sortis (ou en voie de sortir) du monde humanitaire. Tout se passe en fait comme s'il existait un pacte tacite entre les humanitaires et leur ONG, mais aussi entre les ONG pour se préserver du scandale et l'affronter solidairement quand il arrive.
[35] Institutionnaliser la communication interne au sens des manuels, au-delà de ce qui existe, supposerait des « entrepreneurs » capables de traduire les standards managériaux dans des formes acceptables pour les membres d'une association.

dans le cas de MSF, la réalisation du journal « critique » est passée du service communication à la cellule chargée de promouvoir la vie associative. Pour autant, le seuil d'acceptabilité de la critique, sans être figé *a priori*, dépend de ce que l'institution peut tolérer sans vaciller. Cette dernière doit donc, avec ou sans les communicants, organiser des procédures, dont elle ne maîtrise que partiellement les usages[36], et tenter de canaliser les propos virulents. Dit autrement, les sujets sensibles sont « bordés », ce qui permet d'entretenir la flamme militante tout en évitant les écarts dangereux pour l'image des ONG.

La communication interne est un sujet peu abordé dans cet ouvrage. Pourtant, elle n'est pas sans intérêt. Elle est une dimension essentielle de l'institutionnalisation des ONG, dès lors qu'elle est entendue comme l'ensemble des techniques qui permettent la circulation de l'information entre siège et terrain. Parallèlement, on l'a vu, quand elle est conçue comme l'ensemble des moyens qui fabriquent du lien et des raisons de continuer à agir, elle délimite les espaces où le débat est possible et organise l'expression de la critique. Mais la définition des frontières du dicible n'est pas qu'une affaire de communication interne ; elle renvoie également aux formes acceptables de témoignage et de dénonciation dans l'espace public.

Communication, humanitaire et politique

Deux contributions traitent des rapports ambivalents de l'humanitaire, du politique et de la communication. Celle de Rony Brauman part d'une opposition entre ceux qui soulignent les affinités du « témoignage humanitaire » avec la propagande politique, et ceux qui font de l'expression publique de l'indignation le ressort de l'action et de leur engagement. Pour défendre le premier point de vue, l'auteur relit le conflit biafrais en montrant la manipulation de la réalité par les belligérants. Cet épisode préfigure, selon lui, ce qui s'est passé avec le cyclone Nargis de mai 2008 en Birmanie. Il explique alors que certains gouvernements ont livré à la presse une vision catastrophiste de l'événement, en prédisant une vague de mortalité qui n'a pas eu lieu. Rony Brauman précise que toutes les ONG n'ont pas adopté ce point de vue. Cela dit, en s'abstenant de prendre en considération ce « hors champ » dans leur communication institutionnelle, elles ont renforcé la propagande interventionniste, notamment de la France et de la

---

[36] Cela est d'autant plus vrai qu'il est très difficile, dans un type d'institution où l'efficacité et la créativité résident dans la capacité d'initiative des acteurs, d'imposer, sauf conditions particulières, une orthodoxie inflexible.

Grande-Bretagne. Pour conclure sa démonstration, l'auteur explique cette carence générale. Pour cela, il met en avant, notamment, deux arguments : la difficulté de prendre des positions à contre-courant des discours dominants et l'emprise du discours juridico-moral occidental dans l'espace public.

Rony Brauman situe la communication sur deux plans, celui de la propagande des États et celui de la promotion par les ONG de leur action. Cette distinction résiste mal cependant à la réalité car les ONG peuvent contribuer, dit-il, à manipuler la réalité, activement ou à leur insu. La contribution de Pascal Dauvin montre aussi les dilemmes liés aux prises de parole. D'un côté, on l'a dit, l'histoire du *sans-frontiérisme* et l'engagement des acteurs les encouragent à dénoncer les injustices. De l'autre, du fait des dangers des prises de parole « politiques », les ONG, aidées par les publicitaires et relayées par les médias, ont renoncé à dénoncer les pouvoirs iniques. À la place, elles proposent des campagnes de sensibilisation qui apparaissent comme un compromis efficace : elles permettent de mettre en scène la cause et l'engagement sans gêner ni l'action sur le terrain, ni les recherches de fonds. Le succès de ces campagnes de sensibilisation ne va pas sans poser problème. Certains humanitaires voient là seulement le moyen d'ennoblir la communication institutionnelle. D'autres, parfois les mêmes, considèrent que l'action doit être plus « politique », pour donner à l'idée de contre-pouvoir un sens qui leur convient. Cette forme d'engagement plus « politique » construit des prises de parole qui sortent de l'espace du don et qui échappent aux répertoires spectaculaires inventés par les professionnels de la communication. Cette politisation est cependant sous contrôle. Elle fait, elle aussi, l'objet d'un travail de neutralisation, qui la rend conforme aux contraintes du « champ » et à la culture de l'ONG.

Il existe entre ces deux contributions des passerelles, puisqu'elles abordent en particulier, même si les angles sont différents, le problème de la neutralité des ONG dans l'espace des conflits. Parler des crises dans des catégories explicitement politiques, par exemple en dénonçant les responsables des exactions, est une opération potentiellement coûteuse, à cause du risque d'instrumentalisation par les belligérants ; mais aussi à cause des expatriés qui sont mis en danger ; pour les programmes qui risquent d'être interrompus ; mais aussi pour l'image que renvoie l'ONG auprès de ses donateurs ou des bailleurs, les premiers se méfiant du « politique », les seconds pouvant avoir une autre lecture de la crise. Chacun, à sa place, au sein des ONG, est conscient de ces coûts et les revendique de manière sélective pour justifier la « dépolitisation » des messages.

L'exigence – pratique – de neutralité conduit à une division du travail plus marquée entre journalistes et ONG, les premiers ayant vocation désormais à imputer aux belligérants, dans les arènes les plus exposées, leurs responsabilités. Cette division du travail vaut également au sein du monde des ONG, puisque certaines d'entre elles, avec lesquelles les humanitaires peuvent s'allier (MDM et la FIDH par exemple), font de l'alerte politique leur raison sociale. C'est le cas d'Amnesty international ou de Reporter sans frontières. Cela ne signifie pas que les ONG médicales sont devenues politiquement aphones[37], mais que leurs stratégies rhétoriques dépendent de leur histoire, de leur place dans l'espace humanitaire et de luttes internes. L'articulation de ces différents critères favorise deux (idéaux) types de rhétorique. Le premier entremêle représentations victimaires et références universelles, témoignage et recherche de fonds. Ce cadrage – qui implique les professionnels de la communication – s'inscrit dans une perspective plus large, où la compassion et les droits de l'homme sont l'expression privilégiée de la morale sociale. Le second type de rhétorique s'appuie sur des expertises médicales ou juridiques qui cherchent à décrire et à qualifier la réalité *qui est*. En entrant dans le système probatoire des journalistes et des pouvoirs publics, ces arguments, fondés *en raison*, nourrissent une conception de la démocratie plus – habermassienne – qui cherche à éclairer l'opinion et à créer un rapport de force. La communication est alors pensée simplement comme un ensemble de techniques, indépendamment de ceux qui les portent.

---

[37] Les débats sur le Darfour en sont un bon exemple, même si, d'une part, les analyses s'adressent à un public autorisé et, d'autre part, c'est moins l'ONG qui parle que des collectifs dans lesquels sont enrôlés certains membres d'ONG.

PREMIÈRE PARTIE

LA PROFESSIONNALISATION DE LA COMMUNICATION HUMANITAIRE

CHAPITRE I

LA COMMUNICATION HUMANITAIRE PRISE DANS LES RESSOURCES SECTORIELLES

JEAN-BAPTISTE LEGAVRE

Il y a déjà plus de quinze ans, Jacques Lagroye[1] consacrait, dans sa *Sociologie politique*, un paragraphe lumineux au concept de *ressource*. Il remettait à plat cet « outil » décisif pour penser les horizons d'un acteur dans les configurations qui lui sont propres. Il se distinguait finalement de ceux qui tentent d'établir une liste finie de ressources qu'un acteur peut engager. Il préférait souligner que « tout peut être ressource »[2]. Un nom, une expertise, une renommée, de l'argent, un « portefeuille » de relations, un diplôme, etc.

Un diplôme, justement. Si l'analyse des communicants au prisme des ressources susceptibles d'être activées dans les interactions n'est pas entièrement nouvelle[3], il reste cependant à mieux comprendre la « force » du diplôme comme ressource (ou non) distinctive. Sans doute, une connaissance même minimale permet d'observer que de plus en

---

[1] Ce texte est dédié à Jacques Lagroye, décédé en 2008, en souvenir de ce qu'il m'a appris, de l'énergie communicative qu'il déployait – il excellait dans sa capacité à donner envie d'écrire sitôt la rencontre terminée - et aussi des longues heures qu'il a passées à relire ma thèse de doctorat. Nos liens s'étaient distendus. Je repense à lui en me souvenant qu'il m'a aidé à grandir. En me souvenant aussi de son amour de la vie.
[2] Lagroye J., *Sociologie politique*, Paris, Presses de Science po-Dalloz, 1993, p. 252.
[3] Cf. en particulier Legavre J.-B., *Conseiller en communication politique. L'institutionnalisation d'un rôle*, Thèse pour le doctorat de science politique, Université Paris I, 1993 et Legavre J.-B., *« Je t'aime moi non plus ». Les relations d'« associés-rivaux » entre journalistes et communicants*, Mémoire pour l'habilitation à diriger les recherches en sciences de l'information et de la communication, Université de Versailles-Saint-Quentin-en-Yvelines, 2007.

plus de communicants disposent de diplômes spécifiques en communication. Pour autant, d'autres paraissent pouvoir s'en passer, même si les autodidactes, très présents parmi les « fondateurs », semblent aujourd'hui en passe de disparaître de la « scène ». Autrement dit, et à hauteur d'une société devenue « une société de la haute scolarisation », être diplômé paraît constituer un pré-requis pour embrasser la carrière, mais être diplômé en communication est loin d'être obligatoire. Reste que la question ne se pose pas identiquement dans tous les sous-univers de la communication.

À partir d'un matériel spécifique, deux trajectoires pensées comme typiques de jeunes entrants en communication humanitaire peuvent permettre ici de prendre conscience que le diplôme, s'il peut être une ressource, n'efface pas le « poids » des socialisations antérieures qui peuvent rendre possible, avec ou sans diplôme en communication, une entrée dans la carrière de la communication humanitaire. C'est dire qu'une analyse des trajectoires professionnelles des communicants ne saurait faire l'impasse sur les ressources proprement sociales qu'ils peuvent valoriser.

Distinguer des types de ressources sectorielles

Se poser cette question du *filtre* du diplôme dans l'univers de la communication, en retenant la seule communication humanitaire, ne doit masquer ni sa spécificité, ni sa commune appartenance à d'autres segments des métiers de la communication. Sans doute est-elle isolable, avec quelques autres, ses aspirants embrassant une (des) *cause(s)*. Il n'y a pas lieu cependant de placer la communication humanitaire à part ou de la penser dans le cadre de cette communication que certains aimeraient nommer la communication « d'intérêt général ». Réfléchir au « poids » du diplôme en communication humanitaire impose un autre découpage. La communication humanitaire paraît en effet pouvoir être associée, dans un même pôle de l'espace des métiers de la communication, aussi bien à la communication culturelle, qu'à la communication financière, « sportive » ou juridique, en passant par la communication politique – entre autres possibles. Les rapprochements pourraient choquer le plus placide des communicants humanitaires. Et pourtant ! Tous ces secteurs de la communication ont ceci de commun que leurs acteurs, pour s'imposer, doivent pouvoir déployer des ressources de type *sectoriel*, c'est-à-dire qu'avant même de faire montre de maîtrise de ressources proprement *techniques* en matière de communication (savoir rédiger un communiqué de presse, pouvoir construire un plan de communication, connaître les logiques d'une charte graphique, etc.), ils devront donner à voir et à croire qu'ils « connaissent » le secteur envisagé et, plus largement encore, qu'ils « en sont ». Et les « gages » à donner ne s'improvisent pas : ils peuvent supposer, par exemple, de maîtriser les schèmes de classement du sous-univers en cause, ses histoires accumulées, ses croyances intériorisées.

Mais la proposition doit être affinée : ces ressources sectorielles, que les acteurs peuvent mobiliser, ne sont pas (ou pas d'abord, ou pas seulement) de l'ordre des seules *connaissances* de rôle. Elles peuvent l'être : un communicant pourra difficilement faire de la « bonne » communication financière s'il n'a pas de compétences proprement techniques en ce domaine. Ce n'est pas ainsi un hasard si les communicants « financiers » disposent souvent d'une compétence en gestion et finance, à tout le moins en sciences économiques, avant et pas d'abord une compétence en matière de communication. Mais il y a beaucoup plus. Les ressources sectorielles peuvent se lire aussi (ou, dans certains sous-univers, d'abord) comme ressortissant à l'ordre de la *pré-connaissance*, de cette adhésion au jeu sur le mode de l'évidence. En d'autres mots, jouer la « bonne » partition dans ces sous-univers suppose d'avoir *incorporé* au préalable une partie au moins de l'*illusio* constitutive, cette croyance dans le jeu, « ce rapport enchanté à un jeu qui est le produit d'un rapport de complicité ontologique entre les structures mentales et les structures objectives de l'espace social »[4]. C'est bien cette *illusio*, constituée de sédimentations accumulées, qui permet aux uns et aux autres de se reconnaître, sans même forcément se connaître. Et elle se découvre tout autant dans des postures, croyances, horizons d'attente et d'action que dans la « maîtrise » explicite de l'univers en cause.

Il faut tenir compte de cette notation pour comprendre que des secteurs entiers de la communication supposent, pour ses prétendants, un déploiement de ressources qui ont peu à voir avec les techniques de communication. Par exemple, pour être engagé comme chargé de communication d'un théâtre, il vaut mieux d'abord maîtriser les schèmes culturels spécifiques au théâtre que d'abord montrer qu'une expérience préalable dans l'agro-alimentaire atteste d'une compétence dans le domaine des relations presse que le directeur du dit théâtre souhaiterait voir développer. Et si ces premières notations sont mises en relation avec les compétences attendues d'un communicant travaillant dans l'agro-alimentaire, le secteur bancaire ou l'industrie[5], alors les métiers de la

---

[4] Bourdieu P., *Raisons pratiques. Sur la théorie de l'action*, Paris, Le Seuil, 1994, p. 151.
[5] Il est cependant des sous-secteurs de l'industrie où les communicants seront d'abord reconnus s'ils maîtrisent les dits sous-secteurs. Pour une première approche centrée sur les seuls « dircoms », voir les analyses de Liliane Messika, *Les dircoms, un métier en voie de*

communication se liront autrement : là, l'aspirant devra *a priori* d'abord montrer qu'il est « dans » et « de » la communication, qu'il partage d'abord l'*illusio* spécifique de la communication (de l'idée qu'il faut communiquer à celle qu'il faut faire des événements pour souder les salariés d'une organisation, en passant par celle de disposer d'un logo, etc.).

La communication humanitaire offre un bon « analyseur » pour ce type de questionnement. Se projeter dans ce secteur suppose bien plus qu'un diplôme de « papier » ou qu'une expérience sur le « terrain ». Il s'agit de se penser et d'être pensé comme faisant partie, tendanciellement au moins, du même monde[6]. S'atteler ici à ces questions, sans être spécialiste de l'humanitaire, ne suppose cependant pas seulement de la... modestie circonstanciée, surtout que l'analyse est fondée sur un matériel de seconde main, composé de dix entretiens[7]. Limiter l'ambition paraît prioritaire. L'enjeu est de mieux comprendre le « poids » des ressources sectorielles au filtre du diplôme sans doute mais, en fait, de son « poids » *aujourd'hui* et à *l'entrée* de la carrière.

Les entretiens ont été effectués auprès de neuf femmes et un homme. Les enquêtés ont entre vingt-cinq et trente ans. Ils ont fait leur jeune carrière d'abord dans la communication humanitaire. Quatre d'entre eux seulement ont suivi des cursus en communication : d'un IUT au CELSA. Tous sont diplômés de l'enseignement supérieur.

Les communicants de l'échantillon appartiennent pour certains aux premières ONG françaises ; d'autres travaillent dans de plus petites, voire très petites structures. Sont ici présents notamment « MSF », « Handicap international », « Enfants du Mekong », « Terre des hommes », « Solidarité SIDA », « Les amis de Sœur Emmanuelle ». Autant dire, des ONG dont les acteurs peuvent paraître difficilement comparables en tout point, au-delà de l'identité nominale dont il est loisible cependant de penser qu'elle produit des effets – ils ont tous le sentiment de faire de la communication humanitaire. Les services de communication dans lesquels travaillent ces communicants sont, en bonne logique, à géométrie variable : certains de ces communicants sont les seuls de leur spécialité

---

professionnalisation, Paris, L'Harmattan, 1995.
[6] Il est néanmoins probable que l'offre récente de diplômes du supérieur, centrés sur l'humanitaire, transforme les conditions d'accès aux métiers de l'humanitaire – sans compter que peuvent exister des cours, voire des options, de communication humanitaire dans des diplômes en communication ou, symétriquement, des cours de communication dans des diplômes centrés sur l'humanitaire.
[7] Les entretiens ont été réalisés par des étudiantes du M2 Politiques de communication (UVSQ). Dix entretiens ont été isolés (et réalisés entre 2002 et 2007) dans la masse de ceux établis autour d'un thème d'enquête qui peut changer selon les années. Merci à S. Cauchy A. Cheval, C. Garcia, C. Graffin, L. Lapostolle, S. Lecanu, S. Moy, H. Roger, C. Tournier.

dans des associations où ne sont rémunérés pas plus de dix permanents ; d'autres sont dans des services de dix ou vingt-cinq personnes en charge de la seule communication. Tous n'ont pas non plus la même spécialité, du moins quand ils en ont une : relations presse, événementiel, affaires publiques se côtoient. Certains font un peu plus que ce qu'il est loisible d'imaginer derrière le mot « communication », faute de division poussée du travail dans leurs structures (l'une fait aussi de la comptabilité et de la gestion).

La lecture approfondie de ces entretiens fait écho à quelques leçons proposées par Pascal Dauvin et Johanna Siméant sur *Le Travail humanitaire*, en particulier le chapitre consacré aux trajectoires et à l'entrée dans l'humanitaire[8]. Ce portrait de (petit) groupe et sur d'autres spécialités ne tranche pas : il est des passages par le scoutisme, par l'aumônerie, par le militantisme, associatif en particulier, des ruptures avec la religion, des moments biographiques comme des maladies qui remettent en cause l'idée de son avenir, des parents travaillant dans l'univers médical, souvent investis dans l'associatif, etc. L'un des pièges d'une telle récurrence de marques homologues serait néanmoins d'imaginer que, parce qu'elles sont comme « saupoudrées », elles sont communes. Ce n'est pas toujours le cas. Mieux vaut, même si les régularités paraissent frappantes, s'attacher à reconstruire des parcours *typiques*. Non qu'ils condensent forcément tous les indicateurs repérés dans les mêmes « proportions », mais parce qu'ils permettent justement d'établir des profils à partir de la focale ici retenue. Deux des dix communicants ont été finalement retenus. Les deux parcours professionnels choisis paraissent dissemblables et, surtout, le propos sur l'importance du diplôme, est opposé. Une lecture de leurs socialisations tend à montrer cependant, et au rebours d'une première vision faisant trop de place au discours explicite des enquêtées, que le diplôme, s'il fait sens pour les acteurs, n'est pas le seul paramètre à prendre en compte pour comprendre un rapport au métier dont il n'est même pas certain qu'il soit si opposé.

Le diplôme : d'abord une ressource pour se construire une identité

Aude (le prénom a été changé) est la première enquêtée. Salariée au siège d'une des plus grosses ONG françaises, elle est la plus diplômée de l'échantillon – Sciences Po Paris et un DESS au CELSA,

---

[8] Dauvin P. et Siméant J., *Le Travail humanitaire*, Paris, Presses de Sciences po, 2002, chapitre 2.

soit (hors le cas spécifique de Sciences Po et de sa filière Communication) l'école dominante dans l'espace des formations en communication. Aude a vingt-cinq ans et occupe son premier emploi. Au cours de l'entretien, elle va déplacer l'une des oppositions structurant cet univers, professionnalisation *versus* militantisme, en se définissant, non pas comme une professionnelle de l'humanitaire mais comme une « professionnelle de la communication ». « Je suis avant tout une professionnelle de la communication. Il ne faut pas tout mélanger. Trop souvent, lorsque vous expliquez que vous travaillez dans une ONG, les gens ont tendance à ne retenir que ça. Or il y a [ici] des professions très différentes les unes des autres, des profils très différents. Je suis avant tout une professionnelle de la communication avant même d'être une personne travaillant dans l'humanitaire. »

À plusieurs reprises, elle met en avant ses diplômes qui l'attestent – « j'ai une formation relativement générale entre Sciences Po et le CELSA qui me permettra de faire de la communication dans d'autres secteurs. » Pour elle, la communication suppose une formation préalable, requiert des connaissances, engage des techniques qui ne peuvent s'improviser. Elle voit dans les « vrais » communicants comme elle, des experts attachés « à la rigueur », « au sens de l'organisation ». « Je dirais que [les personnes qui font de la communication sans avoir suivi une formation] sont souvent des personnes qui conçoivent la communication en termes de sens du contact, qualités relationnelles ou parfois créativité, originalité. Par contre, les personnes qui ont reçu une formation dans ce domaine sont plus attachées à la rigueur que le métier exige. »

C'est dire que, pour elle, la communication est un « vrai » métier qui réclame un apprentissage académique. « J'entends trop souvent dire que la communication est quelque chose qui s'apprend sur le tas et qu'il n'est pas vraiment utile d'avoir reçu un enseignement dans ce domaine. Je ne suis vraiment pas d'accord. À mon avis, la communication comme tous les autres métiers requiert un certain nombre de connaissances et techniques qu'il vaut mieux avoir acquises avant de commencer à travailler. »

Aude décrédibilise les autres profils, tout en se voulant empathique – « je comprends que les personnes qui n'ont pas suivi de formation en communication aient tendance à minimiser l'importance de cette formation. C'est plus valorisant pour eux. » Ils auraient « besoin de se rassurer, de se dire qu'ils sont tout aussi compétents que nous. » Elle perçoit, en même temps, la difficulté à imposer son regard comme étant le seul « bon » regard. Elle sait bien que le diplôme spécialisé ne constitue pas la voie unique pour devenir communicant dans l'humanitaire. Même si elle indique que « cette situation évolue pas mal depuis quelques années », elle peut observer l'importance de ce qu'elle appelle « la promotion interne », en fait les capacités de ceux qui ont été sur « le terrain » et qui ont suivi un autre type de formation à revendiquer une place au siège, en particulier dans le service communication. « Ceux qui ont les plus gros postes, souligne-t-elle, sont surtout des personnes qui ont travaillé auparavant dans d'autres secteurs. » Elle croit d'ailleurs pouvoir distinguer leur parcours spécifique : écoles de commerce, dit-elle, et une expérience dans un autre service de l'ONG avant de rejoindre la direction de la communication tout en pouvant valoriser un passage par « le terrain ». Et l'absence de diplôme en communication s'observe aussi à « la base ».

Aude appuie son raisonnement sur le cas d'un humanitaire ayant passé trois ans en Afrique. Il a ensuite été engagé pour faire de la communication : « Cette personne, dit-elle, disposait de relations au sein de l'ONG, ça aide. » Dans son propos, le diplôme grandit. Les substituts rabaissent. L'expérience du terrain pourrait être valorisée par la connaissance des enjeux localisés qu'elle induit, autant que l'imprégnation des logiques propres de l'organisation qu'elle permet. Aude ne veut y voir que la possibilité de construire des « relations », en somme de « petites » relations, qui garantiraient l'entre soi mais non la compétence. C'est qu'elle n'a bénéficié, continue-t-elle, d'« aucune relation » contrairement à d'autres qui « connaissent très bien tel ou tel ».

Le profil de Bertille – seconde enquêtée dont le prénom a été aussi changé – est différent. Elle a vingt-neuf ans. Elle est titulaire d'un diplôme de troisième cycle en droit du travail. Elle travaille dans une toute petite ONG d'une dizaine d'employés au siège. Elle a été salariée dans une grande entreprise industrielle. Elle y était juriste, rattachée aux ressources humaines. Elle s'y « ennuie », trouve le travail « routinier » – pour reprendre ses termes –, « de la paperasserie ». Au bout de six mois, « elle avait fait le tour ». Elle cherche alors « à compenser un manque », toujours selon ses propres mots, à s'investir « dans d'autres domaines », dans les Restos du cœur par exemple. Tout donne à voir une trajectoire marquée par une disponibilité biographique[9], d'autant plus qu'elle se sent affectivement peu retenue – elle vient de rompre avec son ami. Sans qu'elle ait besoin de penser comme tel ce qu'elle pourra vivre « naturellement », il lui « reste » finalement à rencontrer des « passeurs » qui pourront la mettre en relation avec une structure appropriée à ses projections et, ainsi,

---

[9] Dauvin P. et Siméant J., *op.cit.*, p. 85.

étancher ses manques. Une rencontre va rendre possible un tel investissement.

« Elle était partie comme volontaire. Nous nous sommes retrouvés à côté à un dîner d'amis […], ça m'a littéralement passionné. Je trouvais que son témoignage était vraiment très intéressant. Elle semblait avoir été transformée. Elle disait qu'elle ne voyait plus les choses tout à fait pareil et que ça l'avait aidé à prendre du recul. Et puis, bien sûr, il y avait toutes les rencontres qu'elle avait faites là-bas [aux Philippines], la richesse du contact humain. Je me rappelle que je l'avais tout de suite beaucoup admirée. »

Bertille se décide alors, mais progressivement, « à franchir le pas ». « J'avais beau ne pas être heureuse, je me disais que c'était peut-être de la folie de tout plaquer. » Au bout de quelques temps, elle part au Cambodge. À son retour, Bertille vise un emploi dans un cabinet d'avocats ou une petite entreprise après cette année vécue comme « une parenthèse ». Dans un « entre-deux », elle revient néanmoins à l'association qui manque de bénévoles et s'y investit. Elle est bientôt enrôlée pour témoigner de son expérience devant des candidats au départ ou « donne un coup de main pour la logistique ». Et, très vite, la structure lui propose de prendre en charge l'ensemble de la communication de cette petite ONG. Elle est «emballée», dit-elle et « morte de peur ». « Vous imaginez, je n'avais jamais fait de la communication, je n'avais aucune connaissance précise ». Mais les responsables de l'ONG la « rassurent », lui disent qu'elles « ont confiance », que son « expérience en tant que bénévole allait beaucoup lui servir ». Et qu'elle connaît bien le fonctionnement de l'association. Rien d'étonnant qu'elle tienne un discours opposé à celui d'Aude. C'est moins le diplôme et l'apprentissage scolaire qui permettraient de devenir une « bonne » communicante mais bien la maîtrise de l'organisation.

« Je n'avais aucune connaissance précise [en communication, mais] c'est vrai que je connaissais déjà bien le fonctionnement de l'association. […] Vous savez, la communication, c'est vraiment quelque chose que l'on apprend très vite et surtout sur le terrain. C'est beaucoup une question de débrouillardise et de bon sens. Il faut aussi avoir un certain sens de l'organisation […]. Et puis j'apprécie beaucoup d'être amenée, dans le cadre de mon travail, à rencontrer beaucoup de personnes souvent très différentes. Vous savez, la communication, c'est vraiment un domaine où il faut aimer aller à la rencontre des gens. Je crois que cela doit être d'ailleurs la qualité première d'un bon communicant. Plus que ses diplômes. »

La communication humanitaire prise dans les ressources sectorielles

La comparaison paraît limpide. Aude et Bertille s'appuient sur des ressources antithétiques. Les techniques *versus* le bon sens ; l'apprentissage scolaire *versus* le terrain ; l'absence d'improvisation *versus* la débrouillardise et la capacité à aller vers les autres. Pourtant, ces deux communicantes ont plus de points communs qu'il n'y paraît. À condition de déplacer le regard. Le diplôme est un point de passage parmi d'autres. Un ancrage sans doute. Mais substituable. Ou alors ce serait prêter beaucoup à une formation en communication comme celui d'Aude qui autorise les impétrants à se projeter experts après seulement un stage et six mois de cours sur les bancs d'une université et ce, même si elle a suivi des cours de communication à Sciences Po.

Ce n'est pas dire que le diplôme en communication n'est rien ou, par exemple, penser qu'il produit des effets similaires s'il s'arrime d'abord aux sciences sociales ou s'il privilégie d'abord les techniques. Ou qu'Aude et Bertille ont des « tours de main » identiques alors qu'elles ont des passés scolaires différents. Ici, faute d'observation *in situ* ou d'entretiens spécifiques sur les usages des techniques, le matériau permet déjà de dire que le diplôme autorise Aude à se penser comme une « professionnelle de la communication ». C'est déjà beaucoup. Il lui permet de penser qu'elle a des compétences certifiées. Il lui offre la possibilité de se projeter ailleurs si besoin, notamment parce que le diplôme autonomise tendanciellement son détenteur « par rapport au libre jeu de la nécessité économique » et garantit sa « compétence sur tous les marchés » de la communication, en tout cas au-delà de la seule communication humanitaire[10]. Elle peut encore s'imaginer mieux « résister » aux concurrences internes, la communication, ici comme ailleurs, étant loin d'être toujours regardée avec admiration ou même avec bienveillance. C'est particulièrement le cas dans une ONG « urgentiste » comme la sienne. Le « geste » communicant ne peut être valorisé comme peut l'être le geste médical ou le geste logisticien. Mais les autres membres de l'ONG savent aussi, quitte à l'occulter, qu'il faut des compétences prêtes à « ramener un maximum d'argent », pense Aude.

Le diplôme a un autre avantage : chacun peut en faire, au moins au cours de l'entretien, une ressource autorisant à lire sa trajectoire à son aune. Les deux s'appuient ainsi sur leur parcours académique pour penser qu'elles n'ont pas des profils ordinaires à la communication humanitaire. Bertille se pense a-typique, n'ayant pas de diplôme en

---

[10] Cf. sur la valeur d'un « titre » Bourdieu P. et Boltanski L., « Le titre et le poste : rapports entre le système de production et le système de reproduction », *Actes de la recherche en sciences sociales*, 2, 1975.

communication. Elle imagine même qu'elle n'aurait jamais été recrutée dans une grosse ONG, faute de diplôme spécialisé. « Je ne pense pas avoir le profil type du communicant », précise-t-elle. De son côté, Aude elle aussi se veut a-typique puisqu'elle a… un diplôme en communication et pas d'expérience préalable du « terrain » : « Mon parcours est a-typique, je n'ai pas vraiment le profil de la personne ayant intégré le milieu bien spécifique de l'humanitaire. »

La difficulté qu'ont Aude et Bertille à se repérer pour connaître la « vraie » valeur du titre scolaire spécialisé dans leur univers dit beaucoup de l'absence d'étanchéité des frontières de leur expertise. Il serait évidemment grotesque, loin de la « bataille », d'imaginer que le diplôme ou l'absence de diplôme en communication n'a pas joué dans le recrutement de l'une comme de l'autre. Rien n'empêche d'imaginer qu'Aude a pu entrer dans ce service de communication dans une conjoncture où « sa » grosse ONG cherchait à diversifier ses recrutements, et ses responsables à penser justement qu'ils devaient s'appuyer sur de « vrais » professionnels. Il est même possible de penser qu'Aude n'aurait pas été recrutée dans la « petite » ONG où travaille Bertille. Elle aurait eu des chances d'être perçue comme sur-diplômée et insuffisamment « travaillée » par la cause. L'équipe au siège est restreinte, ses membres sont passés par le terrain spécifique de l'ONG, ont été « testés » à l'aune de la connaissance de l'organisation et de ses missions avant de devenir permanents, etc. Sans même ajouter que ses diplômes lui permettent d'envisager une rémunération que cette « petite » ONG aurait du mal à accorder.

Le (seul) diplôme comme écran

Mais s'en tenir au seul diplôme serait insuffisant. Ce qui s'est joué, pour chacune, est aussi, sinon d'abord, un ajustement d'habitus. Pour dépasser le prisme du seul diplôme et mieux en éprouver le « poids » relatif, il n'est de choix que de revenir aux socialisations antérieures. De ce point de vue-là, les trajectoires d'Aude et Bertille convergent. Le cumul de congruences donne une bonne idée de leur semblable destinée. Comme si se jouait pour chacune autre chose que ce qu'elles valorisent, tant elles paraissent « tomber » sur leurs pratiques plus qu'elles ne les choisissent « librement ». Elles ont en effet toutes les deux accumulé des *dispositions* qui se sont actualisées dans des conjonctures rendant possibles ce qu'elles sont devenues.

La communication humanitaire prise dans les ressources sectorielles

Premier point commun : les deux communicantes ne sont pas sans lien avec l'univers médical ou para-médical qui marque l'univers humanitaire. En tout cas, l'humanitaire médical peut faire figure de métonymie du secteur. Du côté de Bertille, une des grand-mères est pharmacienne. Petite, elle se rêvait médecin ou infirmière. Du côté d'Aude, un grand-père est médecin hospitalier. Son beau-père est pédiatre – « j'étais captivée par son métier », souligne-t-elle. Les deux humanitaires sont, plus largement encore, marquées par « une culture du public », comme le dit pour sa part Aude ; « une culture du public » dont est redevable, pour une part au moins, l'humanitaire, à travers « l'intérêt » au désintéressement qu'il paraît lui aussi imposer à chacun de ses serviteurs[11]. Les deux mères sont enseignantes (une des grands-mères était institutrice), le père de Aude est éducateur spécialisé. Celle-ci insiste, au cours de l'entretien : elle est « attachée au service public qui incarne pour [elle] l'intérêt général et un certain nombre de valeurs auxquelles [elle] adhère tout particulièrement. »

Il faudrait cependant plus largement pouvoir éprouver les effets sur les enfants de cultures professionnelles qui ne sont pas exclusives. Elles pourraient rendre possibles des hybridations compatibles : les deux familles ont des parents, grands-parents ou membres de la fratrie qui travaillent ou ont travaillé dans *des métiers à clientèle* où se jouent un rapport à l'autre qui n'est pas le même que dans tous les métiers – des médecins ou pharmaciens sans doute, mais aussi, pour ces deux communicantes, des enseignants ou éducateurs spécialisés, mais encore des artisans comme des garagistes ou des couturières, des notaires encore ou des agents immobiliers. Ces cultures héritées pourraient prédisposer à se vivre plus aisément avec des publics tiers, comme ce peut être le cas en communication. C'est que ses hérauts rationalisent souvent leurs attractions pour le métier en se fondant sur le type de rapports aux autres qu'il induirait – l'étymologie du mot « communication » n'offrirait-elle pas à ses serviteurs la possibilité de se penser (à bon compte ?) comme œuvrant pour une « mise en commun », un « partage », une « interactivité », autant de mots fétiches partagés…

La « magie » du monde social est d'ailleurs telle que les deux communicantes ne se retrouvent pas seulement dans un même monde, celui de l'humanitaire, elles mettent aussi en scène cette valeur cardinale de la communication professionnalisée, si souvent verbalisée par ses impétrants, qu'ils aient ou non justement un diplôme spécifique en la

---

[11] Et même si les humanitaires peuvent se construire aussi contre la politique professionnelle et le fonctionnement bureaucratique de l'État.

matière. Ce qu'aime d'abord Aude dans la communication ? « Les contacts [qu'elle] permet ». Et Bertille ? « Aller à la rencontre des gens »…

Deuxième convergence : l'univers associatif dans lequel elles déploient leur énergie n'est pas étranger à leurs passés. Leurs parents y ont investi temps et affects. Bertille précise qu'elle a « toujours connu [ses] parents très pris, voire débordés par leur vie sociale et associative. » Elle ajoute : « Avec mes frères et sœurs, on en avait parfois marre : ils avaient toujours des réunions le soir ! » Elle les a « toujours vus s'investir pour certaines causes ». Ils militaient dans une association d'aide aux familles dont les enfants sont hospitalisés. Ils ont eu aussi des responsabilités dans les associations de parents d'élèves et dans la paroisse du quartier. Le père était conseiller municipal quand elle était adolescente. Ses grands-parents étaient investis à la Croix-Rouge et elle dit combien elle était « fière » de leur engagement quand elle était petite. Les parents d'Aude, de leur côté, sont impliqués dans la vie paroissiale. Bertille et Aude ont eu toutes deux, elles aussi, des investissements antérieurs dans un univers associatif, médical ou para-politique. Aude a été active dans un conseil municipal de jeunes. Avant de devenir communicante dans l'humanitaire, elle a longtemps offert des dons à une ONG. Elle a aussi été en stage d'étudiante en communication dans le service communication d'un hôpital – ce qui n'est pas fréquent au CELSA. Bertille a été bénévole aux « Restos du cœur ». Pendant deux ans, elle a donné des cours en prison.

Troisième point commun : à l'instar de beaucoup d'humanitaires, elles sont passées plus ou moins longuement par des institutions en lien avec le monde catholique. Aude et Bertille ont eu une éducation religieuse. Elles ont été scoutes. Elles ont fréquenté des aumôneries. Bertille, par ce biais, « a mené plusieurs actions de bénévolat, notamment en lien avec la Croix-Rouge. »

Quatrième point commun : l'engagement humanitaire paraît à chacune une voie de sortie acceptable à leurs frustrations du moment. Bertille se sentait mal à l'aise dans cette multinationale. Elle voulait faire un métier « utile ». Elle ne se voit d'ailleurs plus « travailler en entreprise, ce n'est vraiment pas mon truc ». Aude tient un discours plutôt négatif sur la communication, la « superficialité » de ce milieu, en tout cas hors la communication de cause. Au CELSA, elle ne voulait « surtout pas travailler dans le secteur privé ». « Je ne voulais surtout pas me mettre dans une boîte comme L'Oréal et passer mon temps à faire de la communication pour des produits cosmétiques. » Elle souhaitait se mettre « au service de quelque chose d'important » et ne se voyait « pas esclave du système capitaliste et de l'économie marchande ».

Cinquième point commun : chacune vit en apparence sa carrière humanitaire comme un écart ou une rupture. Un écart à la « norme » humanitaire supposée, d'abord : Aude veut croire qu'elle n'est pas dans l'humanitaire, contrairement à beaucoup, par « vocation ». Bertille explique qu'elle ne fréquente plus l'Église contrairement, croit-elle savoir, à beaucoup d'humanitaires. Une rupture avec leur passé immédiat, ensuite : Bertille a quitté une multinationale ; Aude a rejeté la communication marchande. Cette rupture verbalisée s'inscrit aussi dans un temps plus long, en particulier avec leurs parents lorsqu'elles étaient adolescentes : Aude et Bertille ont rejeté la religion ; elles ont rejeté le scoutisme.

Aude : « Ce n'était pas mon truc. Ce sont plutôt mes parents qui avaient tenu à ce que je fasse un peu de scoutisme. C'est un peu une tradition familiale. J'ai été aussi au catéchisme lorsque j'étais petite. Mais lorsque j'ai eu le choix, je n'ai pas continué. Même si j'ai baigné dans une éducation religieuse, j'ai vite coupé court avec tout ce qui a trait à la religion. »

Bertille : « J'ai été pendant plusieurs années à l'aumônerie. Sinon, j'ai fait aussi du scoutisme. Mais, à partir du lycée, j'ai un peu coupé court avec ces différentes activités. J'avais plutôt envie de passer à autre chose. »

Les deux ne voient pas forcément ou ne veulent pas voir ou dire toutes les continuités par-delà les discontinuités – le lecteur aura d'ailleurs noté que les deux communicantes retiennent la même expression qui en dit… long : elles ont « coupé court », comme s'il s'agissait de ne plus s'inscrire dans leurs seuls passés familiaux. Bertille avance aussi qu'elle a, jusqu'à sa nouvelle vie dans l'humanitaire, « suivi les voies les plus classiques, que ce soit dans mes études, dans mes activités, mes rencontres. J'avais pas mal été influencée par mes parents et je pense que j'avais peut-être fini par oublier un peu qui j'étais vraiment, ce que je voulais vraiment. » Lors même qu'il est possible de rattacher ces parcours d'humanitaires à de nombreux autres similaires, elles veulent se vivre différentes et différentes de leurs parents dont elles montrent pourtant l'importance de l'investissement pour des causes et des valeurs, chrétiennes en particulier. Dans la même veine, Bertille explique que, petite, elle passait son temps à « jouer à l'infirmière » mais qu'elle n'a pas pu faire des études médicales, faute d'un niveau suffisant « dans les matières scientifiques ». Elle dit aussi s'être imaginée avocate quand elle faisait son droit, « avocate au service de la justice ». Elle ajoute encore que, jeune, elle était « très idéaliste ». Aude, quant à elle, indique que jusqu'à Sciences po compris et un stage décevant de six mois dans un quotidien national qui l'a fait abandonner ses primo-projections, « elle s'imaginait grand reporter parcourant sans cesse le monde », en somme comme un témoin lui aussi garant d'une certaine morale ou justice… Tout donne à voir que les mythes qu'elles déployaient ont trouvé une autre actualisation en « se fixant » sur d'autres « objets ».

Un sixième trait commun les rapproche encore. Il leur permet de se vivre comme Actrices ayant embrassé librement une Cause en se dévouant tout entières à son Service. Chacune a beau fournir des déterminants à son parcours, elles insistent aussi sur ce qu'elles nomment « les hasards » qui les auraient conduites là où elles sont. Alors que la lecture des entretiens donne à voir des dispositions rendant possible ce qu'elles sont devenues, Bertille, peut avancer : « Je dois vous dire que c'est presque arrivé par hasard. ». Et Aude, comme en écho : « Je suis arrivée dans l'humanitaire un peu par hasard ». Elles le répètent à plusieurs reprises, comme si accepter ces déterminants rendaient impossible le Libre Choix de la Cause et l'Engagement qu'il suppose… Comme s'ils interdisaient de se penser comme Sujet et alors qu'elles veulent s'imaginer différentes de ceux qu'elles ont quittés – le monde de la communication marchande pour Aude, celui des multinationales pour Bertille. Comme s'ils empêchaient d'imaginer se distinguer de leurs parents qui les ont pourtant grandement conduites là où elles sont.

Il leur faut alors trouver sinon un point de départ absolu, une « révélation », du moins un moment qui leur permet de penser qu'il s'y est joué le début d'une aventure, fût-elle différée. Le moment de la « révélation » est présenté à chaque fois comme incarné par des individus qui, par leur « grandeur », rabaissent paradoxalement ces futurs serviteurs de la Cause et, en même temps, rendent possible une projection par corps. Bertille se trouvait, dit-elle « ridicule » devant cette humanitaire qu'elle avait rencontrée chez des amis, avec son diplôme en droit et son travail routinier dans cette grande entreprise. Aude confie qu'elle se sentait « minable » après une conférence de Sœur Emmanuelle : « J'ai toujours eu une profonde admiration pour ces personnes qui s'engagent corps et âmes pour de grandes causes. Petite, je me souviens que j'avais eu la chance d'assister à une conférence à laquelle participait Sœur Emmanuelle. Elle m'avait littéralement bluffée, cette femme. On se sentait presque minable à côté d'elle, c'est incroyable tout ce qu'elle fait. Je sais que c'est un peu "tarte à la crème" ce que je vous dis mais c'est pourtant vrai. »

La communication humanitaire prise dans les ressources sectorielles

Au-delà ou, plutôt, en deçà du discours des enquêtés, c'est bien l'instance familiale et ses prolongements – les sociabilités qu'ils permettent, les rencontres qu'ils facilitent, les aspirations qu'ils construisent, les lieux qu'ils imposent – qui aident à comprendre ce que sont et font Aude et Bertille. La première est sans doute une « professionnelle de la communication » devenue humanitaire. Son diplôme du CELSA comme son expérience accumulée l'atteste. La seconde est sans doute une humanitaire devenue communicante. Sa connaissance du « terrain » comme ses années de communicante en font preuve. Elles ne sauraient être pensées comme équivalentes. En même temps, toutes deux font de la communication humanitaire. Et justement pas une autre forme de communication. Et d'autant plus facilement que le « ticket d'entrée » exigé est moins un « parchemin » garantissant une absence d'extériorité aux techniques de la communication qu'une adhésion vécue sur le mode de « l'allant de soi » à la Cause qui plonge ici ses origines bien au-delà du moment où elles ont été, chacune, engagées par leur ONG. Il serait sans doute bien naïf de penser remettre en cause cette idée fondamentale que la socialisation est un processus continu. Reste que leur première socialisation a été décisive pour Aude comme pour Bertille, quelle qu'ait été la singularité de leur histoire(s) de vie(s). Qu'elles aient ou non un diplôme en communication. Et d'autant que moins la relation entre « le titre » et « le poste » est codifiée, plus les chances sont élevées pour que les ressources sociales de chacun pèsent d'un « poids » significatif[12]. Mais contre une vision « vulgaire » qui verrait dans les ressources sociales *seulement* un ensemble de « relations » rendant possible une insertion professionnelle, au rebours aussi de ce que peut imaginer dans certains de ses textes Bourdieu qui y voit parfois des agents pouvant alors aisément jouer, en l'absence de diplôme, des « stratégies de bluff », le prisme retenu ici permet d'éprouver une fois de plus que la prime enfance est bien un lieu décisif d'accumulation et de transmission. La famille ne constitue pas d'abord (ou pas seulement) un « portefeuille » de relations, elle offre surtout à chacun une définition des possibles et des pensables. C'est dire que les ressources sectorielles renvoient aussi, d'une manière ou d'une autre, aux ressources sociales.

---

[12] Bourdieu P. et Boltanski L., art. cit.

CHAPITRE II

DIRIGER LA COMMUNICATION DE MÉDECINS DU MONDE, OU COMMENT ÊTRE UNE PROFESSIONNELLE ENGAGÉE

ISABELLE FINKELSTEIN

Être recrutée chez MDM

Au début de l'année 1999, l'association Médecins du monde est sans directrice de la communication. Cela ne semble poser problème ni à la direction, ni au conseil d'administration. J'apprends au mois de mars par un ami, référent du service communication au conseil d'administration, que le poste se libère. Je rédige aussitôt un cv et une lettre de motivation. Je contacte parallèlement Jacky Mamou, Président de MDM à l'époque, grâce à un autre ami que j'avais connu au cabinet de Jean-Pierre Cot. Celui-ci me reçoit rapidement, sur un coin de table, juste avant de partir pour le Kosovo. L'entretien est cordial, sans doute bienvenu et nécessaire, mais il ne sera en aucun cas décisif. Après vingt minutes, le Président me présente une chargée de recrutement de l'association que je reverrai la semaine suivante pour engager la procédure de sélection. Parmi les cinq finalistes, c'est ma candidature qui retient l'attention des décideurs (le DRH, le Directeur général, le Président, le Vice-président, les membres du CA intéressés par la communication). Au regard de cette procédure, le recrutement m'apparaît, malgré sa lenteur, comme très professionnel.

Après presque trois mois de préavis chez Hachette Presse, je rejoins MDM en septembre 1999. Au-delà de la procédure visant à évaluer mes compétences professionnelles, il est clair que les recommandations que j'ai fait valoir ont eu raison des éventuelles réticences à mon égard. Je pensais que mon absence d'engagement associatif serait un frein – légitime – à mon recrutement. Les quelques euros mensuels versés à l'association Aide et Action ne suffisaient pas, à mon sens, à faire de moi une « humanitaire ». Rien ne laissait d'ailleurs supposer cette réorientation professionnelle, même si, rétrospectivement, ma candidature à MDM n'était pas si incongrue.

Mes quatre années de droit public à la Sorbonne avaient peu de rapport avec l'univers de la communication et du milieu associatif. Elles m'ont pourtant appris une rigueur utile dans l'exercice de la profession de communicant. De la même manière, ma première expérience professionnelle m'a permis pendant deux ans, au sein du cabinet du ministre de la coopération et du développement, de fréquenter les problématiques de la politique africaine[1]. En 1983, j'intégrai l'agence de publicité CFRP, dirigée par un homme de gauche (ce qui est rare !), pour prospecter de nouveaux clients et assurer les relations presse de l'agence. Cette expérience dans le monde de la communication m'ouvrit, plus tard, les portes de la régie publicitaire de Hachette Presse où, après plusieurs postes, j'ai assuré la direction commerciale d'une vingtaine de magazines représentant un chiffre d'affaires de plusieurs millions d'euros et une équipe d'une trentaine de personnes. Cette période fut extrêmement riche et constructive. J'ai pu, pendant sept ans, me qualifier, me densifier et acquérir les savoir-faire managériaux dont Médecins du monde avait su profiter.

Les raisons de l'engagement

Pourquoi dès lors abandonner une belle carrière commerciale ? Pourquoi avoir pris cet autre chemin, plus dangereux, plus politique, moins prometteur en termes d'évolution professionnelle et… nettement moins bien payé ? Les réponses à ces questions sont évidemment multiples. D'abord, je pense avoir été dès mon plus jeune âge frappée par l'injustice du monde, notamment au moment de l'adolescence. Ma famille bougeait beaucoup et déménageait souvent. J'avais peu de racines, une tendance au nomadisme, l'Autre ne faisait jamais peur et Tintin était mon livre de chevet. J'avais vu à la Réunion où j'ai vécu,

---

[1] J'étais devenue, tout en poursuivant mes études de droit, l'assistante parlementaire de Jean Pierre Cot. En mai 1981, quand il a été nommé Ministre de la coopération et du développement, je quittais l'Assemblée pour la rue Monsieur et je devins son assistante personnelle.

enfant, plus de trois ans, d'autres modes de vie que le mien. J'ai croisé à Madagascar ou en Tanzanie, lors de voyages avec mes parents, des personnes démunies et appris que l'extrême pauvreté existait.

Ce sont ces expériences du monde et de son lot de misères qui m'ont poussée, vers l'âge de quinze ans, à rompre avec mon éducation religieuse. J'ai déserté catéchisme et églises pour ne plus jamais y revenir. Mes parents qui fréquentaient l'église tous les dimanches tenaient à ce rituel social. Pour moi, Dieu ne pouvait pas exister ou alors il n'était ni bon, ni puissant. La compassion et l'empathie furent cultivées chez moi grâce à un autre chemin, celui de la philosophie bouddhiste. Je trouvais un grand intérêt à dévorer les livres de Lobsang Rampa (à l'époque, en 1975, très peu d'ouvrages existaient en français sur le bouddhisme).

Beaucoup plus tard, en 1999, le Kosovo fut le déclencheur de mon engagement et de la volonté de mettre mes compétences professionnelles au service des causes humanitaires. C'était une guerre à nos portes. J'avais mûri. Mes enfants étaient plus grands. J'avais fait mes preuves professionnellement. Je n'ai jamais établi de hiérarchie entre mes différents métiers et il était hors de question de « cracher dans la soupe » en quittant Hachette. Il était juste devenu insupportable de ne pas tenter d'agir au moment où le Kosovo, si près de chez nous, déversait son lot d'atrocités. Il ne s'agissait pas non plus d'exercer un autre métier mais juste de le faire ailleurs, différemment et avec d'autres motivations. Je décidai de me remettre à l'anglais, de lire assidûment les pages société et international du *Monde* et quelques ouvrages pointus sur le nouvel ordre mondial.

J'ai commencé donc à chercher un travail du côté des associations humanitaires. Et c'est ainsi que je suis entrée à MDM. Recruter un nouveau directeur venant d'une grande entreprise était fort nouveau, les questionnements ont dû aller bon train entre associatifs et direction, mais les décisionnaires ont franchi le pas. Moi aussi. Mon aspiration du moment a rencontré une association qui souhaitait privilégier le cadre expérimenté dans le domaine de la communication plutôt que l'humanitaire aguerri et sans doute moins bien formé aux techniques du métier.

La question du salaire – qui allait diminuer de plus d'un tiers – n'a pas été un problème grâce aux revenus confortables de mon mari qui avait, huit ans auparavant, créé sa propre agence de communication. Que la mère de famille fasse le choix de travailler pour une association était louable, mais que tout le monde en pâtisse économiquement le serait beaucoup moins. Il est évident que même avec les meilleures motivations du monde, il est souvent impossible pour un cadre bien payé du secteur privé de basculer en association. Perdre la moitié de son salaire reste une gageure difficile à assumer, matériellement et socialement. Votre place n'est plus exactement la même dans la société et vous devez trouver à votre job un intérêt qui ne passe pas par le salaire. Heureusement, le tempérament altruiste que l'on vous prête est suffisamment valorisant pour que l'égo s'y retrouve.

L'environnement de la communication au sein de MDM

À mon arrivée, en septembre 1999, je découvre un organigramme « classique » : sous la direction générale, une structure en râteau avec de nombreuses directions. Celle des missions, la plus noble, qui intervient sur le terrain et assure la vocation première de l'association, celle des finances respectée et assez lointaine, celle du marketing, mal aimée parce qu'on y parle argent, objectifs et dépenses de collecte, celle des affaires juridiques tellement technique, celle de l'internationale qui gère un réseau improbable, celle des ressources humaines qui jongle avec des salariés, des volontaires et des bénévoles et celle, enfin, de la communication, fascinante et stigmatisée à la fois.

Si l'organigramme est proche de celui d'une grande entreprise, les relations entre les acteurs sont en revanche très déstabilisantes pour quelqu'un qui vient du secteur privé. Il n'y retrouve ni les échanges lisses et polis, ni le respect de la hiérarchie, sclérosant, certes, mais tellement rassurant. Je perçois l'organisation générale comme un peu chaotique. Cela dit, l'association fonctionne. Au sein du service communication, les choses sont bien organisées. Il existe un responsable pour chaque secteur : presse, journal des donateurs, journal interne, événements, site internet... Chaque chargé de projet gère ses outils et son budget. L'ensemble est coordonné et dirigé par la direction de la communication qui définit la stratégie, négocie le budget, prépare les campagnes de publicité et pilote les dossiers transversaux.

Cette organisation va évoluer en deux temps. L'équipe en place, parfaitement opérationnelle, a savouré, pendant les six mois qui ont précédé mon recrutement, une liberté que je me suis efforcée, volontairement, de préserver. Chacun a pris son indépendance et travaille, en conséquence, directement avec les associatifs. Cette relation en face à face a été souvent difficile mais cela les a obligés à grandir. Du coup, chacun souhaite conserver son pré carré. Ce système fondé sur la confiance me convenait pour plusieurs raisons. J'ai toujours considéré que les pilotes des dossiers devaient être meilleurs que moi dans leur domaine. J'étais « une généraliste » chargée d'établir une stratégie de communication en phase avec les priorités du conseil d'administration et de veiller à sa bonne mise en œuvre au quotidien. L'équipe en place est donc restée. L'ensemble a bien sûr un peu bougé au cours des années. J'ai dû recruter des personnes nouvelles qui se sont en général bien intégrées. Les critères de recrutement étaient les mêmes pour tous. Sur le plan psychologique : adaptabilité, motivation, souplesse et détermination. L'expérience et les compétences professionnelles – la capacité notamment à « tenir » ses objectifs – restaient toutefois les critères primordiaux de la sélection.

L'organisation, telle qu'elle était me convenait ensuite, car je ne souhaitais pas m'ingérer dans tous les dossiers. Je voulais pouvoir continuer à vivre en dehors de Médecins du monde. J'ai compris en effet très vite que si je me laissais grignoter un doigt, c'était le bras et mon être tout entier que l'association allait dévorer. L'humanitaire est une mission qui n'est jamais finie. Ceux qui se vouent à cette mission s'y consacrent corps et âme. Ils ne font plus que cela et cherchent au sein de l'association le soutien affectif qu'ils n'ont plus toujours à l'extérieur. Ils vous enrôlent donc sans malice et sans scrupule les week-end, les soirées, les vacances. Pour le dire avec humour, il était hors de question que je m'engage à sauver le monde jour et nuit en perdant enfants (3!) et mari.

La deuxième évolution touchait à mes fonctions. Je découvris que le service faisait appel à des compétences extérieures pour la réflexion stratégique et les campagnes de publicité. Je décidai de prendre en charge la partie réflexion, considérant que c'était là le cœur de la fonction de directeur. Parallèlement, grâce à Communication sans frontières[2], je trouvais une agence acceptant de travailler bénévolement pour MDM. Nos relations avec Euro RSCG seront très professionnelles et, contrairement à ce qui se passe souvent, je ne serai pas obligée de faire des concessions, notamment au moment où il convient de demander à un prestataire bénévole de revoir sa copie.

Un nouveau mode d'organisation, malin et optimisé

Dix-huit mois plus tard, mon poste devint une double direction. La direction générale et le conseil d'administration décidèrent en effet de me confier la direction du marketing qui venait de se libérer. Cette double direction, communication et marketing, n'avait pas été

---

[2] Communication sans frontières est une ONG qui diffuse des savoir-faire dans le domaine de la communication aux associations.

anticipée, ni même réfléchie. Le regroupement des deux postes se justifiait d'abord budgétairement, à une époque où l'association traversait une période de turbulence financière. Cependant, cette opération n'était pas qu'une opportunité économique, car elle était une solution organisationnelle pour faire marcher de concert deux secteurs parfois en conflit. Le marketing, sous la pression des objectifs financiers, doit « accrocher » le donateur avec des arguments chocs. La communication remplit, elle, la noble mission de témoignage et construit une image valorisante de la mission sociale de l'association. Autrement dit, communication dénonce la réalité du monde, alors que le marketing propose des représentations « arrangées » pour susciter la générosité du public.

Dans le premier cas, c'est l'indignation qui est sollicitée, dans l'autre c'est l'émotion. Parce que les publics et les objectifs ne sont pas les mêmes, ces deux messages, sans parler d'antinomie, sont décalés. Le service marketing, dont le premier objectif est financier, peut avoir tendance à rédiger des messages « larmoyants » pour stimuler le don[3]. La communication, dont l'objectif premier est de préserver l'image de l'association, peut contester les rhétoriques mobilisées pour rester « propre », notamment aux yeux des militants. Mon souci était donc de dépasser ces conflits en associant les deux fonctions. Pour moi, la direction du marketing devait répondre à la vocation première de l'association : ouvrir et faire fonctionner des programmes. La direction de la communication devait venir en appui au marketing, en travaillant l'image de l'association. Mon rôle, à partir de là, était d'assurer une cohérence des messages formulés par chacune des directions, ce qui est forcément plus simple quand on est seule aux manettes !

La contrainte budgétaire

Le budget de la communication est un budget de fonctionnement. Il doit couvrir l'ensemble des dépenses du service dans différents domaines :
- la publicité, l'achat d'espace (en général dans la presse écrite),

---

[3] Même s'il n'y a pas de définition du « bon » ou du « mauvais » message, tout responsable de la collecte jugera *a priori* « bon », un message qui rapporte de l'argent à l'association. Les réfugiés, les catastrophes naturelles, toutes formes d'urgence en général sont bien plus porteurs que le message de la mission sida d'un pays d'Afrique noire. Sur ce thème, voir dans cet ouvrage la contribution d'Anne Fouchard.

- l'impression du rapport moral et financier, celle du journal interne et de celui des donateurs (conjointement avec le marketing, car le journal d'information est aussi un outil de collecte),
- le site web,
- l'événementiel,
- la photothèque et les outils vidéo,
- l'assemblée générale de l'association,
- le service de presse (outils de veille, l'impression et l'envoi des dossiers de presse).

Mon budget était calculé au plus juste chaque année. En supprimant le recours aux prestataires extérieurs, nous avions réalisé une économie, à l'époque, de l'ordre d'un million de francs, ce qui correspondait à environ un quart du budget total de la communication. Cette économie était d'autant plus opportune que la période de 2001 à 2003 avait été financièrement difficile, avec des collectes qui enregistraient des remontées de dons très faibles. Nous n'avions pas engagé de frais supplémentaires en achat d'espaces (ce qui est très coûteux), et l'association a dû exister autrement. L'équipe a privilégié les évènements de rue et les manifestations militantes (femmes afghanes à République, SDF devant le Palais Bourbon…), le relais des médias nous permettant d'exister sans frais auprès du grand public.

La contrainte budgétaire oblige en fait à tout négocier, aussi bien les dépenses de fonctionnement que les prestations extérieures. Et l'on se prend très facilement au jeu d'essayer « d'acheter tout moins cher », le papier de l'impression du rapport moral, l'appareil photo du service presse…Tout est bon pour une négociation supplémentaire, une ristourne commerciale… et l'interlocuteur se laisse souvent aller à s'acheter une place au paradis en acceptant nos demandes pressantes. La notoriété de l'association, la cause défendue et la personne qui négocie sont alors les trois facteurs qui pèsent dans le succès de la démarche. Pour l'achat d'espaces publicitaires, si onéreux, MDM avait une formidable bénévole au service communication qui connaissait l'ensemble des acteurs du marché publicitaire des médias. Elle a obtenu de substantielles ristournes grâce à ses relations et son talent. Comme je sortais moi-même de la Régie publicitaire d'Hachette, cela facilitait aussi les choses.

Le budget « collecte » du service marketing n'a rien à voir avec celui de la communication. Récolter en moyenne vingt à vingt-cinq millions d'euros sur une année ne peut se faire sans frais. Les services d'une agence spécialisée en marketing direct et en traitement de bases de données sont indispensables, et l'énorme travail que cela représente justifie des honoraires honnêtes. Il faut par conséquent trouver le meilleur rapport qualité/prix. Quelques centimes d'euros gagnés par message peuvent faire économiser, au final, beaucoup d'argent, dès lors que cinq cent mille courriers environ sont adressés chaque mois aux donateurs et prospects. Comme l'ONG est un marché important pour ces agences, les relations entre les deux partenaires sont complexes.

L'association doit en particulier faire respecter son éthique, qui peut être facilement sacrifiée sur l'autel de la rentabilité. Elle doit aussi éviter de se laisser entraîner dans des investissements de collecte aux mauvais moments, ou trop importants, ou pas assez rentables à moyen ou long terme. Je garde le souvenir d'une réunion mouvementée où l'agence de Médecins du monde souhaitait, pour utiliser le reliquat du budget de l'année, réaliser une opération de collecte par téléphone. Nous avons jugé au sein de l'association que la pression sur nos donateurs avait été suffisamment forte et qu'il n'était pas utile de les solliciter une nouvelle fois, de surcroît par téléphone, au moment de Noël. Nous avons dû nous battre et résister fortement à la pression de l'agence pour ne pas faire cette opération de mon point de vue inopportune.

L'ensemble des budgets est préparé au cours du mois d'octobre, présenté à la direction générale et à la direction financière, puis en conseil d'administration où il est approuvé. Les budgets ne sont pas un enjeu de pouvoir très important, contrairement à ce qui se passe en entreprise. Chacun est conscient de la nécessité de ne pas abuser et de peser fortement le moindre investissement. Suivant ce principe, je n'ai jamais rencontré de problème pour valider les demandes de budget de la communication ou du marketing. Les dépenses doivent être argumentées et justifiées, mais il m'a toujours semblé que les associatifs suivaient très largement les recommandations des directions dans ce domaine et que nous travaillions en confiance.

Cadrer la communication

Le service communication n'est pas isolé. Il est même cerné de près par des humanitaires qui revendiquent en permanence le droit de communiquer. Les responsables mission, les membres du conseil d'administration, ou les délégués régionaux sont régulièrement en situation de parler. Le CA avait d'ailleurs souvent du mal à gérer les prises de parole de ses membres, tant la volonté de révéler et de témoigner était forte. La communication était chargée de formater le message, de l'organiser, sans contrôler la façon dont il serait utilisé par la suite, ce rôle incombant au référent à la communication au CA et au CA lui-même.

De façon générale, la direction de la communication intéresse beaucoup de monde, car en contact direct avec les médias, elle fabrique la notoriété et rend visible l'association. Ceux qui sont habilités à parler peuvent demander le soutien de la communication pour intervenir dans l'espace public. D'autres, légitimes ou non, communiquent sans y être invités, ce qui laisse le sentiment d'un joyeux désordre. Bien sûr, au regard de ce qui se passe dans le monde et souvent à notre porte, en France, nous pouvons prendre la parole en permanence pour dénoncer, condamner, s'indigner, exiger... Le problème est que trop de messages tuent le message et qu'un communiqué de presse, par exemple, doit, pour rester efficace, être utilisé à bon escient. Là n'était pas la réalité de l'association et le souhait des associatifs.

Si le contenu de ces communiqués dépend bien d'une volonté politique, il est du ressort des professionnels de la communication et en particulier des relations presse de définir le timing et la légitimité « tactique » de sa diffusion. Nous devions régulièrement dénoncer le manque de fond et de matière des communiqués, leur sortie trop rapprochée les uns des autres, le trop grand empressement à dire des choses n'annonçant rien de nouveau... Sur des opérations de visibilité longues dans la durée, comme les SDF l'hiver, nous nous sommes souvent opposés aux responsables mission qui voulaient dénoncer la situation chaque jour via un communiqué de presse. Les journalistes susceptibles de relayer nos messages le faisaient à partir de nouveaux arguments ou d'une situation nouvelle, mais pas heure par heure.

Il en est de même sur les sujets internationaux, où la sécurité de nos équipes locales et des bénéficiaires des programmes pouvait commander de ne pas communiquer (Birmanie, Afghanistan à certains moments, Tchétchénie bien sûr...). Le service communication se trouvait alors dans la situation paradoxale de défendre le silence. La relation avec les associatifs était encore paradoxale, quand le service communication devait se plier à une décision de ne pas mettre en avant telle ou telle cause au motif qu'elle n'était pas suffisamment porteuse pour les journalistes ou les donateurs.

Ces différents exemples témoignent de la difficulté de communiquer au quotidien. Si la direction générale, lointaine et proche à la fois, est un soutien sûr, fondé sur une confiance réciproque, les relations avec les membres du conseil d'administration, les responsables bénévoles des missions, les délégations régionales, les expatriés, les bureaux à l'étranger et les délégations internationales sont plus compliquées à gérer. Chacun s'appuie sur ses relais dans l'institution pour parler, quitte à créer des interférences et à produire des discours différents sur le même sujet. Il fallait donc, au rythme de l'actualité, répondre dans l'urgence à des injonctions contradictoires tout en essayant, après l'arbitrage du Président, de nous recadrer les uns par rapport aux autres et éviter ainsi les dérives, les « loupés » et les omissions. Dans une ONG telle que Médecins du monde, axée sur l'urgence et l'international, tout peut arriver. Les situations vécues sont innombrables et aucune ne se ressemble. Il faut sans cesse réinventer, et l'expérience sert moins que le flair, l'ancienneté moins que l'intuition.

États d'âme et enthousiasme au quotidien

Une des problématiques majeure de la double direction que j'ai assumée concernait la définition des causes à promouvoir. Les causes porteuses qui ont un large écho auprès du public existent. C'est facilement vérifiable, en évaluant les résultats des collectes qui traitent des femmes et des enfants. Le public, composé de personnes plutôt âgées, est moins sensibles à la vulnérabilité des malades du sida ou des sans papiers. Ces constats, constants sur plus de sept ans, peuvent rendre cyniques les communicants. Des mailings aux thématiques difficiles ont aussi fait leurs preuves, mais les tendances sont là.

Il existe bien des garde-fous (la lassitude du donateur et le réflexe éthique), mais, quitte à ne pas être politiquement correct, il faut, pour assurer l'indépendance de l'association et maintenir le volume des missions, tenir les objectifs de la collecte. Est-il par ailleurs « éthique », après avoir évalué ce qui ne marchait pas, de persister à investir de l'argent dans des mailings qui ne rapportent pas ? L'évaluation des retombées de la collecte, et plus largement de toutes les opérations de communication, doit être l'occasion de tirer des bilans sur les erreurs, les dérapages, mais aussi des ambitions décalées. Car nous avons aussi parfois de grandes ambitions. En cherchant à imposer aux donateurs ce à quoi ils ne sont pas sensibles, ou en réalisant des opérations de communication inutilement luxueuses. Je pense au rapport moral dont le service a toujours été très fier : un beau document, un livre presque, en couleur, très dense, illustré… Mais avec le recul, nous aurions pu faire plus modeste. Le grammage du papier, le travail d'une agence, la couleur, ont un coût discutable, malgré des négociations « serrées ». Pour autant, chacun dans l'association devait y retrouver son compte, puisque la formule a perduré.

Une grande partie du quotidien du service communication est aspirée par les relations avec la presse. Il faut chercher à imposer son cadrage sur les crises, les journalistes ayant leurs propres contraintes éditoriales et économiques. Pour les médias aussi, il y des sujets qui passent mieux et un traitement des crises formaté pour le public. La logique humanitaire et la logique journalistique ne coïncident pas toujours. Le principal travail consiste cependant moins à contrôler ce que les journaux disent d'une catastrophe qu'à réagir à leur indifférence. Ainsi, l'association – qui était en difficulté au printemps 2000, suite à plusieurs collectes (dont une sur les fistules vaginales) qui n'avaient pas rapporté les dividendes escomptés – était inquiète pour la pérennité d'une de ses missions en Afghanistan. La situation dans les camps de réfugiés de Hérat était préoccupante, du fait des carences de l'aide internationale en nourriture et en médicaments.

Nous avions tenté, à grands coups de communiqués, d'appels directs, d'invitations à aller sur place, de mobiliser les journalistes de la presse quotidienne, des radios, des télévisions, des news sur cette future catastrophe. Il ne se passait rien, les medias ne relayaient aucun message. Nous avons alors décidé, au service communication, de proposer un événement de rue pour faire bouger les choses. Une manifestation militante préparée dans le secret était programmée place de la République. Un petit matin du mois de juin, nous avons recouvert de tchadri bleu (tchadri afghan) toutes les statues de femmes symbolisant la liberté, l'égalité et la fraternité. La Jeanne d'Arc de la rue de Rivoli, plus habituée aux visites du Front national, a elle aussi été drapée. Le message était : « Levons le voile sur une catastrophe humanitaire ». Les journalistes furent invités à se rendre dans le plus grand secret Place de la République, très tôt le matin, et une conférence de presse se déroula sur place avec dossiers de presse, photos...

L'ensemble des médias répondit présent, télévisions comprises. Il avait juste fallu un peu de mystère, un *teasing* bien orchestré par le service de presse pour attirer tout le monde. Cette opération permit une couverture médiatique exceptionnelle. Profitant de l'engouement de la presse pour la cause, un mailing fut envoyé dans le même temps avec des retours de 9%, alors que la moyenne habituelle est de 3 ou 4%. La cause était là, bien réelle, et un événement de rue plus tard, elle était passée de l'ombre à la lumière. La forme prendrait-elle parfois le pas sur le fond ? J'ai pensé que les associatifs de MDM trouveraient l'opération trop « com », qu'ils pourraient être gênés par l'habillage donné à la prise de parole. Dans l'esprit de chacun, en fait, rien n'est pire que la cause oubliée. Autrement dit, mieux vaut un événement travaillé par la communication, plutôt que le silence. Par ailleurs, cette rencontre entre les militants de MDM et les journalistes sur le pavé de Paris avait le goût du témoignage passé et « des coups de gueule à l'arrache », ce qui n'était pas pour déplaire au conseil d'administration ou à ceux qui avaient la nostalgie d'un humanitaire vindicatif.

Au-delà de ces exemples, le travail sur la stratégie de communication de l'association était un temps fort de l'année. Le service se réunissait une fois par an pendant un ou deux jours (souvent chez moi !), pour faire le point sur l'année écoulée et nous projeter dans le futur. Nous confrontions alors les axes politiques prioritaires définis par les associatifs à nos possibilités budgétaires. Nous décidions des thématiques à privilégier et des moyens à allouer à chacune d'elles pour assurer la meilleure communication. Nous pouvions choisir de donner de la visibilité à l'association grâce à une campagne publicitaire ou en créant l'événement… Cette discussion aboutissait à l'élaboration d'un plan de communication qui était par la suite présenté au conseil d'administration pour validation.

En dehors de ces gros dossiers, le quotidien du service est jalonné par de multiples petites tâches qui, même si elles semblent anodines, sont toujours liées entre elles par la volonté de secourir ceux qui souffrent. Faire un recueil de témoignage, participer aux réunions qui font le point sur les programmes, discuter avec les opérations des crises et des évolutions géopolitiques du monde, régler les conflits de compétence, défendre son point de vue… tout cela est orienté dans le même but et fait de nous des professionnels engagés.

Aujourd'hui, pour moi, Médecins du monde c'est fini. Mon mari, nos deux filles aînées et moi-même avons, grâce au service adoption de MDM, adopté une petite Chinoise de 5 ans, atteinte d'une cardiopathie. Elle va bien. Elle aussi nous a adoptés. Long Xiao Zhen est devenue Jade. Jade était juste incompatible avec le rythme d'un service communication dans une association. Alors, après avoir consacré mon temps professionnel à beaucoup de monde, je consacre maintenant tout mon temps à une seule personne. Mais ceci n'aura qu'un temps car elle grandira et le virus de la communication en ONG alors peut-être me reprendra.

CHAPITRE III

PROFESSIONNALISATION DE LA COMMUNICATION HUMANITAIRE ET LOGIQUES DÉMOCRATIQUES

DENIS MAILLARD

Notre idée est de montrer qu'il n'y a pas d'humanitaire, c'est-à-dire pas d'action humanitaire « sur le terrain » et d'ONG humanitaires structurant cette action, sans communication. L'humanitaire, en effet, n'est pas seulement une action, c'est aussi un discours sur cette action, une mise en scène et une narration de l'action et des acteurs. On a pu parfois ramener cette double nature à une formule : « soigner et témoigner ». Pour soutenir cette thèse, il convient, dans cette introduction, de resituer historiquement l'humanitaire français par rapport à son homologue anglo-saxon, car les fondements idéologiques et sociologiques du *sans-frontiérisme* créent les conditions d'un lien indissociable entre humanitaire et communication.

La naissance de l'humanitaire moderne pourrait être ramenée à cette formule lapidaire empruntée pour une part à Rony Brauman : en France, l'humanitaire, c'est la médecine coloniale plus la médecine d'urgence ; le docteur Schweitzer et le Samu. Tandis qu'en Grande-Bretagne, ce qui fonde l'humanitaire, c'est beaucoup plus l'expérience coloniale dans son ensemble (sous ses aspects économiques, culturels, militaires…), associée à la charité religieuse. En effet, les Églises, particulièrement méthodiste et baptiste, ont été déterminantes dans la structuration des ONG britanniques[1]. D'autre part, l'importance de la

---

[1] On l'ignore parfois mais la guerre du Biafra en 1968 ne fut pas seulement un épisode fondateur pour l'humanitaire français ; elle le fut tout autant dans le monde anglo-saxon, et notamment

médecine (qu'elle soit tropicale ou d'urgence) dans l'humanitaire français préfigure une autre différence : la France est « entrée en humanitaire » par ses corps de métiers, alors que le monde anglo-américain a choisi des thématiques plus larges et à plus long terme (l'enfance, par exemple, avec Save the Children, ou la nutrition et le développement pour Oxfam). Il y a, à partir de ces actes de naissance, deux visions du monde qui s'opposent. Dans la première, la spécificité de l'acte médical sous-tend un humanitaire laïc qui cherche les causes du Bien et du Mal dans l'action des hommes. Dans la seconde, l'analyse morale et socio-économique des malheurs du monde détermine un humanitaire poreux aux valeurs chrétiennes. Pour le dire autrement, au pays du « contrat social », ce sont les hommes qui font et défont les fils de leur histoire, même en cas de catastrophe naturelle. Dans celui de la « main invisible », l'homme ne pouvant pas tout, la Providence tient encore une place[2]. La naissance de l'humanitaire sous des auspices médicaux a donc permis aux fondateurs, et permet aujourd'hui aux associations, de dépasser toute référence religieuse au profit d'une dimension professionnelle et politique socialement assumée.

En s'affranchissant d'une charité religieuse qui n'a pas forcément besoin d'expliquer et de justifier ses fondements (le malheur des hommes est dans la nature des choses), on ramène la souffrance à l'humain et à la nécessité – ce qui nous intéresse prioritairement ici –, de conjurer le malheur par la parole. Le malheur humain est profondément politique et oblige à des actes politiques comme l'interpellation ou le témoignage.

La force du lien entre humanitaire et communication est dès lors d'autant plus évidente que ces prises publiques de parole peuvent apparaître intrinsèquement supérieures aux soins médicaux : en pouvant à elles seules redéfinir les configurations et éviter les guerres, elles rendraient l'acte médical contingent. On reconnaît ici l'idée, chère à Bernard Kouchner, selon laquelle « les caméras peuvent rendre Auschwitz impossible ». Au-delà de la référence à la Shoah – fil rouge des fondateurs de l'humanitaire moderne –, l'idée est déjà présente chez Gustave Moynier, le premier président de la Croix-Rouge. Il écrivait peu après la fondation de la Croix-Rouge : « On sait maintenant chaque jour ce qui se passe sur la terre entière, la

---

pour les catholiques irlandais.
[2] Entendons-nous bien : il ne s'agit pas de dire que les ONG françaises n'ont rien à voir avec une quelconque dimension religieuse, notamment catholique. Les travaux de Pascal Dauvin et Johanna Siméant sur *Le travail humanitaire* montrent au contraire que les individus qui peuplent aujourd'hui les organisations humanitaires ont, pour beaucoup d'entre eux, connu une socialisation d'ordre religieux (scoutisme, jeunesse étudiante chrétienne, etc.).

connaissance du moindre fait de guerre se répand avec la vitesse de l'éclair [...]. Les descriptions que donnent les journaux quotidiens placent pour ainsi dire les agonisants des champs de bataille sous les yeux du lecteur et font retentir à ses oreilles, en même temps que les chants de victoire, les gémissements des pauvres mutilés qui remplissent les ambulances. »[3] Il existe donc depuis l'origine une candeur de la pensée humanitaire devant le pouvoir réel ou supposé de la communication. Chaque étape de son développement reprend d'ailleurs le même argument : les médias en nous mettant en relation directe avec les crimes et la souffrance porteraient en eux la possibilité d'y mettre fin.

Cette croyance de l'humanitaire en la communication est cependant possible, car elle s'appuie sur une matérialité technique et sociologique. En effet, l'essor historique du mouvement humanitaire est contemporain du développement des moyens de communication en général. La naissance de la Croix-Rouge coïncide avec l'extension des chemins de fer et du télégraphe à la fin du XIXème siècle. MSF, comme le rappelle Rony Brauman, doit son succès au développement de l'aviation commerciale et de la télévision. « Je pense, écrit-il, que la création du Samu, la démocratisation des voyages intercontinentaux et l'essor de la télévision nous informent plus sur les conditions de la création de MSF que la référence au gauchisme. »[4] Plus près de nous, internet et les technologies numériques ont accompagné la formidable mobilisation de l'opinion au moment du tsunami de 2004.

Au final, l'histoire du mouvement humanitaire révèle un besoin fondamental de parole face à la souffrance humaine dès lors que celle-ci n'est plus considérée comme un mal nécessaire, mais contingent et remédiable grâce à l'action des hommes et des techniques médicales. Ce besoin de parler est fondé sur une croyance dans les vertus de la médiatisation comme scène de représentation de cette souffrance et de sa conjuration. C'est enfin l'appropriation immédiate des techniques et des moyens de communication enrôlés au service de l'action humanitaire qui permettent aux ONG de structurer leur communication et de se faire entendre. Mais l'utilisation de ces techniques d'information et de communication ne va pas sans poser problème : en repérant les trois grands types de discours produits par les organisations humanitaires (et démêlés ici pour les besoins de la démonstration), on se heurte en effet aux questions que posent

---

[3] Cité par Destexhe A., *L'humanitaire impossible*, Paris, Armand Colin, 1993, p. 38.
[4] Brauman R., *Penser dans l'urgence, parcours critique d'un humanitaire* (entretien avec Catherine Portevin), Paris, Seuil, 2006, p. 58.

l'évolution même de l'action humanitaire et de la société dans laquelle elle s'inscrit[5]. Il nous revient donc, à chaque fois, d'aller au-delà de la seule description des techniques et des métiers de communication pour problématiser leur utilisation.

Communication interne et transformation du régime associatif

Nous avons affaire, comme à chaque fois qu'il s'agit de communication interne, à l'aspect le plus compliqué et, pour un communicant, le plus difficile à réussir. Cela tient, pour une bonne part, à l'hétérogénéité des publics, car qu'y-t-il de commun entre les volontaires sur le terrain, les membres élus de l'ONG, les permanents du siège ou les adhérents bénévoles souvent éloignés des préoccupations ou des débats qui agitent les trois autres publics ? On touche là à la complexité des ONG comme Médecins du monde, qui ont souhaité conserver leur structure associative tout en se professionnalisant pour répondre aux besoins des bailleurs de fonds européens ou internationaux et à ceux (concrets) des populations secourues. La question est simple : comment parler d'une même voix à quatre publics hétérogènes ?

Les adhérents bénévoles sont souvent éloignés, physiquement et intellectuellement, du siège de l'association. Ce sont d'anciens (et pour certains de futurs) volontaires de terrain, pas forcément parisiens, pas obligatoirement engagés, mais qui maintiennent – grâce au journal de l'association, à la médiatisation de l'ONG et à son assemblée générale – une relation avec l'organisation dont ils portent les couleurs. Ils sont souvent désorientés par les débats politiques qui agitent l'association et par les prises de position publique de celle-ci, qui sont parfois décalées par rapport à l'action de terrain (pensons par exemple au soutien apporté par MDM aux sans papiers dès 1996). D'une manière

---

[5] Le propos qui suit s'appuie principalement sur mon expérience au sein de Médecins du monde, association où j'ai successivement exercé, de 1996 à 2001, les métiers de rédacteur en chef des publications (magazine interne, journal des donateurs et site internet) et de directeur adjoint de la communication ; mais aussi au sein d'Aide médicale internationale, où j'ai été, durant presque deux ans (2002-2003), secrétaire général (bénévole) de l'association. La réflexion d'ensemble sur l'action humanitaire m'a été facilitée par mes études de science politique (IEP Lyon) et de philosophie politique (Paris I) et s'est affinée au fil des ans grâce à la revue *Humanitaire* (éditée par MDM), que j'ai fondée en 2000 avec Jacky Mamou, Jacques Lebas et Boris Martin et dont je suis membre du comité de rédaction. J'ai également tenté de mettre quelques unes de ces réflexions par écrit en publiant en 2007 *L'humanitaire, tragédie de la démocratie* (Paris, Michalon). Cet ouvrage a été accompagné d'un blog, toujours actif : http://lemaladehumanitaire.blog.lemonde.fr.

générale, plus leur éloignement spatial, temporel ou intellectuel est grand, moins ces adhérents se « retrouvent » dans un journal, dit « interne », fabriqué au siège de l'association pour les besoins d'autres publics. La réciproque est évidemment vraie. Certes, il n'y a pas eu d'étude du lectorat interne. Toutefois, je me permets de généraliser mon propos à partir d'assez nombreuses réactions auxquelles j'ai dû faire face et de discussions que j'ai pu avoir durant cinq ans avec les bénévoles à Paris et en Province.

Il y a également un autre public : les volontaires de terrain. Il s'agit, mis à part les volontaires salariés (qu'on retrouve de plus en plus dans les grandes ONG), d'adhérents bénévoles… en activité. Du point de vue de la communication interne, ils sont dans une relation différente de celle des adhérents, puisque le journal interne est prioritairement fait pour eux : il regorge de descriptions des programmes rédigées à partir des rapports de missions ou des interviews du « terrain » ; il met en avant des techniques ou des technologies utilisées dans telle ou telle situation etc. Une bonne part de cette publication se réfère donc à eux, même si, à notre sens, ils ne sont pas la cible privilégiée de la communication interne.

Cette cible justement, ce sont d'abord les associatifs, à Médecins du monde en tout cas. Pour suivre les missions, cette organisation a en effet cherché, malgré son développement, à maintenir un fort secteur associatif bénévole, avec une implication tant politique que médicale. Il s'agit là d'une centaine de personnes considérées comme des cadres de l'association et dont l'engagement fait vivre les délégations régionales, le conseil d'administration et son bureau, les missions en France et à l'étranger, dont ils sont les référents politiques et médicaux, et enfin les groupes d'information et de réflexion thématiques ou géographiques dont ils sont également membres. Ces associatifs sont les destinataires principaux du journal interne, pour ne pas dire la priorité de la communication interne, compte tenu de la transformation progressive des modes de décision et de circulation de l'information dans l'ONG.

En faisant un rapide retour sur l'histoire de Médecins du monde, on s'aperçoit en effet que le journal interne, *Actualités*, va petit à petit, au milieu de la décennie 90, se substituer aux réunions informelles du mardi soir, baptisées les « forums humanitaires ». Dans la mythologie de l'association (à l'origine donc), chaque adhérent (parisien évidemment) a le droit de se présenter à l'un de ses forums et d'inscrire à l'ordre du jour telle crise, tel problème, tel pays, telle mission… De fait, peu à peu, ces forums vont se structurer : un sujet précis est traité à chaque séance, même si la dynamique est encore informelle ; il est possible d'interpeller, de critiquer, de proposer... Et l'audience n'est pas passive. Pour certains, cet « âge d'or » prendra fin avec le déménagement de l'association de l'avenue de la République (Paris XI) vers le siège actuel rue Marcadet (Paris XVIII). L'association dès lors se professionnalise. Les forums résistent un temps, mais cèdent bientôt la place à la parole experte (internes – chefs de missions ou de desk – et externes – universitaires ou chercheurs).

C'est à ce moment que le journal interne voit le jour. Cet organe, du fait même des conditions de sa création, a vocation, certes, à donner de l'information, mais il est surtout pensé comme un moyen de pallier l'absence des forums et fédérer les membres de l'association. Du reste, il vise aussi, mais cela est moins consciemment assumé, à proposer une identité commune et donc à imposer une ligne politique ou stratégique, ce qui est effectivement le rôle des éditoriaux du Président, des comptes rendus de réunions etc. Cependant, force est de constater que, si ce dernier objectif semble évident dans les entreprises, il l'est en revanche beaucoup moins dans les ONG. Et pour cause, car ces dernières, qui relèvent pour la plupart de la loi de 1901, sont des espaces de compétition, dans lesquels il y a bien souvent une majorité et une opposition qui cherchent à en découdre lors de l'assemblée générale alors même que les lieux institutionnels de parole ne rapportent aucune opposition frontale.

Plus précisément, ce n'est pas seulement par souci de discipline que le journal ne rend pas compte des conflits ; c'est aussi parce que ceux-ci sont généralement présentés comme des querelles de personnes, avant d'être des querelles de fond[6]. Pour le dire en d'autres termes : paradoxalement, la parole est bien souvent verrouillée au sein des ONG. Elle est en tout cas surveillée, scrutée, interprétée... La question, logique, est alors de savoir s'il existe un monopole de la définition légitime de l'identité de l'ONG. Il y a là, bien entendu, un immense enjeu de pouvoir, lié à la nature associative des ONG. Cette compétition pour l'imposition de « la ligne » implique l'impossibilité de tenir un journal « ouvert », c'est-à-dire totalement libre et représentatif des sensibilités de l'association[7].

Disons un mot, pour finir, sur les salariés permanents du siège ou des délégations régionales, qui sont un peu les oubliés de cette

---

[6] Les querelles de fond (politiques ou stratégiques) prennent généralement la forme de querelles de personnes et d'ego pour deux raisons. L'ONG sélectionne, en premier lieu, des personnalités fortes et ambitieuses, mais rien ne permet de distinguer, en second lieu, une opposition ou un courant minoritaire, hormis le rattachement autoproclamé à telle ou telle personne.
[7] MSF, pour sa part, avait réussi, à l'époque, à faire deux produits intéressants : *Messages* d'un côté, un journal très technique et très médical, et le *Dazibao*, un « défouloir » de bonne tenue, relatant les conditions de vie et les états d'âme des expatriés et des salariés du siège.

communication interne. Paradoxalement, ce sont pourtant certains d'entre eux qui, techniciens de la communication, écrivent et fabriquent le journal interne ! On mesure là toute l'ambiguïté du salarié dans une structure associative assumée comme telle : faire de son métier un engagement sans que celui-ci soit considéré comme totalement légitime. Quand bien même certaines associations salarient leur président ou acceptent le vote de leurs salariés lors de leur assemblée générale, il n'en reste pas moins vrai que, dans les associations relevant de la loi 1901, le partage des rôles entre salariés engagés et bénévoles engagés n'est pas encore réglé.

Relations presse et « démocratie médiatico-humanitaire »

Il existe dans les ONG humanitaires un autre type de discours, qui est historiquement le premier et donc le plus « naturel ». Il s'agit du discours produit par l'ONG en direction de l'opinion, via les journalistes. À l'origine, à MSF comme à MDM, c'étaient les volontaires qui parlaient aux journalistes, et ils le faisaient à leur retour de mission de façon assez spontanée. L'histoire retient un exemple emblématique de ce phénomène, celui de Bernard Kouchner qui, en pleine guerre du Biafra en 1968, avait pris la décision de rejoindre la France et d'alerter l'opinion, par journaux interposés, sur la situation dont il avait été témoin. Les relations presse, après cet épisode fondateur, vont se structurer grâce au recrutement de professionnels de la communication. Les attachés de presse mettent alors en scène les volontaires en fonction des logiques médiatiques : à quel moment parler ? Que dire ? Comment le dire ? Etc. Selon nous, cette professionnalisation répond à deux besoins, dont le premier est lié à la nature des ONG et à leur développement récent, tandis que le second tient à la nature de la société démocratique et au rôle que le journalisme y joue.

Donner à voir la victime pour se donner à voir en train de la secourir

Tant que la société médiatique n'était organisée, ni techniquement, ni idéologiquement, les ONG donnaient à voir les victimes ; elles les « inventaient », pour ainsi dire. Et en se targuant d'aller « là où les autres ne vont pas », elles se fixaient comme objectif de faire voir des victimes ignorées ou oubliées en leur assignant parfois un statut de victime qu'elles n'avaient pas encore. C'est d'ailleurs tout l'objet de l'idéologie humanitaire issue d'une tentative de dépassement des clivages de la guerre froide : l'homme n'est pas fait pour souffrir quand bien même il souffrirait dans le sens de l'histoire. Il n'y a donc ni victimes de droite ni victimes de gauche, il n'y a que des individus écrasés par des logiques politiques dont ils sont précisément les victimes. L'humanitaire « invente » alors des victimes dans ce qui était jusqu'ici des ennemis du peuple, de la liberté, de la révolution ou de la justice. Il leur offre ainsi un visage, un statut et une histoire simple à raconter. Au départ de « l'aventure humanitaire », « donner à voir » la victime était alors moins un acte de communication qu'un acte politique. En revanche, lorsque la société des médias se structure en projetant les journalistes « en temps réel » à n'importe quel endroit du monde, « donner à voir » devient moins un acte politique qu'un positionnement de marque nécessitant une narration particulière. La question qui mérite dès lors d'être posée est celle de savoir si l'ONG, dans sa relation aux médias, est la fin ou le moyen de la communication. Autrement dit : la communication de l'ONG donne-t-elle à voir une réalité (la souffrance humaine, l'exclusion, l'inégalité etc.) ou se donne-t-elle à voir en train de changer cette réalité ? On a dans le passage du premier terme de la question (« donner à voir la réalité ») au second (« donner à voir le travail sur la réalité »), le passage d'un acte politique à un acte médiatique.

Aller là où les autres ne voient pas

En analysant, par exemple, la dernière campagne de MDM sur l'oubli de certaines victimes, on s'aperçoit qu'on est en présence d'un vieux thème humanitaire : « aller où les autres ne vont pas ». Cette thématique est cependant recyclée dans un sens particulier : « aller là où les autres ne *voient* pas ». Qui sont ces autres ? Certainement pas, « nous autres » qui sommes prêts à nous indigner si seulement on nous parlait… de la souffrance du Darfour, de l'exclusion en France, de la mortalité en Birmanie etc. « Oublier est humain », précise d'ailleurs la publicité. Ces « autres », dont il est question en creux dans la campagne, sont tout simplement les journalistes. À l'heure de la « concurrence des victimes » qui envahit les journaux et les 20 heures, l'urgence n'est plus à l'acte politique de l'invention des victimes, elle est, comme on l'a déjà dit, à l'acte médiatique du positionnement de marque. MDM acte le fait que les médias ne peuvent pas s'intéresser à toutes les victimes. Elle ajuste par conséquent son offre à la demande médiatique pour parler aux citoyens par-delà les journalistes. MDM proclame en quelque sorte : « Je ne suis pas une ONG qui dit "regardez cette victime" ; je suis celle qui s'exclame "regardez-moi, je vous donne accès à ce que vous ne voyez pas" ». L'association humanitaire présuppose en fait une lassitude (réelle) et un obscurcissement du regard démocratique du fait de la médiatisation[8]. Ce faisant, l'ONG n'écrit plus la réalité mais une sorte de fiction à partir de cette réalité. Et cette fiction qu'elle entretient tout au long des crises qui rythment l'actualité humanitaire est d'autant plus importante qu'elle crédibilise l'ONG auprès des bailleurs qui la financent.

De la réalité à la fiction : le triangle humanitaire

On peut se demander si nous n'avons pas assisté dans la période récente – à partir de l'intervention de l'Otan au Kosovo en 1999 – au passage d'un l'humanitaire vecteur d'information (« là où les autres ne vont pas ») à un humanitaire comme support de fictions (là où les autres ne voient pas et à qui il faut donc raconter). C'est dans ce contexte que le communicant (agence conseil, directeur de la communication ou attaché de presse) installe l'univers de la marque en jonglant avec trois registres formant chacun le sommet d'un triangle : un discours politique qui rappelle les valeurs et les principes de l'action humanitaire ; un discours d'expertise qui vient restituer l'action dans son environnement géopolitique ou médical ; un discours compassionnel qui met en scène l'action à travers les victimes.

De cette manière, l'action et le discours des ONG deviennent, par eux-mêmes, un moment de la réalité médiatique d'une crise. Notre propos n'est pas de dire qu'il y a des victimes plus médiatiques que d'autres – toute victime peut être désormais médiatique –, mais que l'attention apportée aux victimes dépend du positionnement de l'ONG au sein de ce triangle. Comment se situe-t-elle par rapport au contexte géopolitique (une guerre, un ouragan, une épidémie…) ? Comment peut-elle montrer que ses volontaires s'interposent entre ce contexte, c'est-à-dire le Mal, et les victimes ? Et comment, finalement, l'ONG a-t-elle la possibilité de battre le rappel des valeurs d'humanité qui vont être mobilisées à cette occasion ? Si le communicant parvient à positionner son ONG à l'intérieur du

---

[8] Nous reviendrons plus loin sur le problème du regard démocratique.

triangle, il offre la possibilité aux journalistes de traiter la crise sous l'angle humanitaire. Il serait intéressant, à ce titre, de montrer comment la thématique du Darfour a pu s'imposer, non pas en montrant uniquement des victimes qui n'intéressaient personne, mais en positionnant celles-ci d'une manière particulière, en offrant à leur malheur une narration adaptée.

Pas de communication sans humanitaire

Affirmer que l'action des ONG devient, par elle-même, un moment de la réalité médiatique, signifie que le journaliste a autant besoin de l'ONG que l'ONG du journaliste Non pas un besoin en terme d'accès aux victimes ou au terrain – c'est là l'ancienne économie de la société des médias – mais plutôt un besoin en termes de lien consubstantiel de l'humanitaire et de la communication : s'il n'y a pas d'humanitaire sans communication, il n'y a peut-être plus de communication sans humanitaire, c'est-à-dire, sans émotion, sans victime et sans compassion.

Nous vivons en effet depuis plus de deux cents ans sur une fiction aux effets très réels. Les droits individuels – appelons-les par commodité démonstrative « les droits de l'homme » – fondent la société et le pouvoir politique. Pour le dire autrement, ces droits de l'homme sont à la fois le fondement de la société et son objectif ; ils sont ce qui nous unit, mais aussi le projet qui nous anime ; ils expliquent ce qu'est la démocratie libérale tout en disant ce qu'elle doit être. Ce point est extrêmement important car il dessine l'espace entre la réalité de ce *qui est* et l'idéal de ce qui *devrait être*, c'est-à-dire l'écart qui peut exister entre la société et elle-même et dans lequel s'engouffre l'ensemble des revendications que les ONG mobilisent.

Il s'agit en effet pour leurs militants de prendre appui sur la puissance critique contenue dans les droits de l'homme, afin de promouvoir le plus largement possible ces mêmes droits à partir d'une pensée de la société en terme de souffrance, d'exclusion ou d'inégalités. C'est là que les ONG rencontrent une autre instance de critique sociale avec laquelle ils entretiennent une relation étroite : les médias.

Pour comprendre le lien entre les ONG et les médias, il est important de comprendre ce qui les unit profondément. Ils sont tous les deux des instances de représentation et de critique de la société démocratique. À côté de l'espace public politique, où les opinions se confrontent et où le conflit politique se met en scène – de manière classique au Parlement –, on trouve un espace public médiatique où s'élabore, là aussi, une mise en scène de la société et de ses conflits. Dans le premier lieu, on discute de ce qu'il faut faire pour résoudre les difficultés qui se posent à la société et la transformer. Dans le second, il s'agit avant tout de les montrer et de les dénoncer.

Les médias sont donc eux aussi un lieu de la représentation de l'écart de la société à elle-même, et c'est en ce sens qu'ils ont besoin des ONG, afin que soit mesuré cet écart. Montrer, dévoiler, signaler à l'attention publique et mobiliser sont des manières de se comprendre et de se changer. On pourrait presque dire que « dénoncer, c'est déjà agir ». Le militant a donc autant besoin du journaliste que le journaliste du militant. Leur rencontre se noue dans cet écart et autour d'une figure devenue centrale depuis quelques années, celle de la victime.

Le journal des donateurs comme lieu *exemplaire* de la représentation humanitaire

La multiplication des missions des ONG à l'étranger, d'un côté, et la professionnalisation des relations avec la presse, de l'autre, ont abouti à faire émerger de nouveaux besoins en termes de communication. Quand le nombre de volontaires et d'adhérents augmente, lorsque des permanents sont recrutés et que le soutien financier du public est sollicité, il devient nécessaire de produire des discours distincts de ceux qui sont proposés aux journalistes. Or, celui qui s'adresse aux donateurs est de ceux-là. Et ses effets sont directement mesurables, puisqu'ils sont en rapport avec la recherche de fonds. J'ai été, plusieurs années durant, comme cela a déjà été dit, le rédacteur en chef de ce journal à Médecins du monde. Aussi voudrais-je expliquer succinctement la manière dont ce journal a été conçu à l'origine et la manière dont il fonctionnait.

Il s'agissait en fait de ce que l'on appelle un *consumer magazine,* c'est-à-dire un journal qui vient rendre des comptes aux donateurs sur la manière dont leur argent a été utilisé, et qui cherche, surtout, à motiver le prochain don. Pour installer la marque, il jongle avec les trois registres de discours dont nous avons parlé plus haut : un discours éditorial rappelant les valeurs de MDM, un discours d'expertise cherchant à resituer l'action dans son contexte géopolitique ou médical, et enfin un discours compassionnel qui met en scène les victimes comme dans les mailings.

On retrouve dans cette problématique les éléments dont nous avons parlé au départ. Un besoin de parler et de justifier son action par un discours à deux niveaux, l'un politico-moral s'appuyant sur les principes de l'action humanitaire, et l'autre tirant sa légitimité de la médecine, c'est-à-dire de l'expertise d'un métier et de la déontologie associée à celui-ci.

Il a pu arriver de rêver de sortir de ce triangle, pour faire, par exemple, un véritable journal d'information sur l'action de Médecins du monde. Un journal qui ne se centrerait pas uniquement sur l'action de l'association et qui n'égrènerait pas, page après page, la litanie du malheur traitée toujours sur le même mode, mais un journal qui ancrerait l'action humanitaire dans une politique, une histoire, une géographie et une sociologie. Bref, un journal qui n'installerait pas les individus secourus dans le rôle unique et réducteur de victime, en faisant le choix d'un angle rédactionnel et d'un traitement iconographique qui ouvrirait l'action humanitaire à un monde plus vaste qu'elle, c'est-à-dire la société dans laquelle elle s'insère et qui n'est pas seulement une interposition entre le Mal et ses victimes. Mais à vrai dire, on n'a jamais pris ce risque qui peut-être nous aurait tout bonnement sortis de l'humanitaire proprement dit...

Pour autant, sans chercher à faire de ce journal autre chose que ce qu'il était, nous avions tout de même recours à des « journalistes professionnels ». C'étaient, pour la plupart, des journalistes (rédacteurs et photographes) titulaires d'une carte de presse, engagés dans une carrière au sein de groupes de presse et intervenant à titre de pigistes bénévoles pour le journal des donateurs. La règle était claire : ils prenaient sur le temps de leurs vacances pour partir en reportage avec l'association ; leur billet d'avion et leur hébergement étaient pris en charge. À leur retour, ils devaient fournir au rédacteur en chef un article conforme à l'angle déterminé par celui-ci. Ils pouvaient, par la suite, vendre un reportage ou des photos à d'autres journaux moyennant la mention du nom de l'association dans l'article[9]. « Nos journalistes » devenaient donc (durant un temps limité) des bénévoles de l'association. Étrangement, l'alchimie prenait plutôt bien puisque

---

[9] Nous ne sommes pas ici dans le cadre du « voyage de presse », dans lequel le journaliste est, soit invité par l'ONG, soit prend en charge lui-même son billet d'avion (ce qui était le cas de Médecins du monde qui n'offrait pas ce type de prestation aux journalistes), et écrit ensuite librement pour le journal qui l'emploie. Nous ne sommes pas non plus dans le cadre d'une urgence pour laquelle l'ONG affrète un avion dans lequel, suivant les places disponibles, des journalistes peuvent prendre place. En échange de ce « coup de main », l'équipe de télévision ou le rédacteur « font un sujet » sur le travail de l'ONG. Ces deux modes d'utilisation des journalistes, s'il existent encore, représentent une manière datée de faire, une époque où les médias étaient moins bien structurés et possédaient une capacité moindre à se projeter en tous points du globe selon les urgences médiatiques.

ceux-ci finissaient tous par faire les mêmes articles, avant même toute intervention, pour recadrer un propos qui se serait écarté de ce « triangle humanitaire ».

Nous avons eu parfois recours à la reprise d'articles de presse du *Monde*, de *Libération* ou de *La Croix* particulièrement bien faits. Mais par une contamination assez étrange, les reportages de la presse écrite sur l'action humanitaire ressemblaient étonnamment à des articles écrits pour le journal des donateurs. Cela nous indique aussi, dans le cadre des relations presse, ce qu'est « un bon article » : c'est celui qui met en scène, comme l'ONG l'aurait faite elle-même, l'action humanitaire.

L'explication, nous l'avons vu, réside dans le fait que l'humanitaire ne désigne plus à lui tout seul les crises. Il est devenu un moment de la réalité médiatique, et comme il y a dans toute crise un « moment humanitaire », c'est donc à l'ONG de le capter, à elle d'y imposer ses victimes, son discours et d'obtenir le sujet télévisé ou l'article qu'elle aurait pu elle-même écrire.

L'expérience de l'utilisation de journalistes professionnels au sein du journal des donateurs signe donc, à notre sens, la fin de l'autonomie médiatique de l'humanitaire. Expliquons-nous. Le recours aux médias n'est plus un moment de la crise humanitaire, comme à l'époque du Biafra, c'est le recours à l'humanitaire qui est un moment de la médiatisation de la crise. Il n'y a donc pas, à proprement parler de « crise humanitaire » ; il y a un « moment humanitaire » du traitement médiatique d'une crise… La reprise en main de la communication de l'Otan par Tony Blair en 1999 pour la centrer sur la « guerre humanitaire » en a été le premier et le plus fascinant exemple.

Nous souhaiterions, en conclusion, reposer la question du départ sur le rapport entre soigner et témoigner. Autrement dit, reformuler d'une manière plus philosophique, la question, fondatrice pour l'action humanitaire, de l'efficacité ou non de la puissance médiatique. Jean Hatzfeld est revenu sur cette question en remarquant que « la réflexion la plus pertinente entendue à ce jour, à méditer par tous ceux qui à l'occasion de chaque tragédie humaine, s'interrogent sur l'utilité de l'information et du témoignage, est celle de Claudine Kayitesi, une cultivatrice rescapée de la colline de N'tarama lorsqu'elle dit, inversant notre dicton : « les Blancs ne veulent pas voir ce qu'ils ne peuvent pas croire, et ils ne pouvaient pas croire à un génocide parce que c'est une tuerie qui dépasse tout le monde, eux autant que les autres. Alors ils sont partis. »[10] Pour saisir la profondeur d'une telle proposition et conclure notre propos sur la communication, il faut revenir en réalité à la nature de la démocratie.

La démocratie, comme l'a montré Tocqueville, c'est avant tout une manière de sentir et de voir. Ce que l'homme démocratique perçoit avant toute chose, c'est une égalité *imaginaire* entre les êtres ; c'est-à-dire une similitude par-delà des différences visibles. L'autre homme est d'abord homme avant d'être autre. Hommes/femmes, blancs/noirs, riches/pauvres, jeunes/vieux, etc. : l'invisible qui nous unit est *à première vue* plus important que le visible qui nous sépare. Alors que tout *montre* l'inégalité ou la différence, l'homme démocratique *croit* à la ressemblance et par conséquent la *voit*. L'expérience démocratique sensible nous empêche, pour ainsi dire, de voir ce que nous ne pouvons pas croire. Il ne s'agit pas d'un détournement du regard parce que la réalité dérange ou d'une manipulation ; il s'agit d'un aveuglement réel devant ce qui dépasse l'entendement démocratique.

Par conséquent, la croyance humanitaire dans la puissance de dévoilement des médias butera toujours sur cette disposition de l'esprit démocratique. Il s'enflamme de toutes les souffrances et des inégalités qui peuvent le toucher, notamment les plus infimes, et qu'il ressent comme telles. Mais il reste comme aveugle à « une tuerie qui dépasse tout le monde », c'est-à-dire qui dépasse la croyance égalitaire et la vision médiatique qui en découle. Malheureusement, dans le monde réduit par la télévision et l'internet à n'être qu'un village, les bourreaux ont certainement encore quelques beaux jours devant eux. Au-delà du simple fait que les humanitaires sont rarement présents au pire des massacres, ce n'est certainement jamais au cœur d'un génocide que se reconnaît le génocide. Hélas, aucune caméra n'empêchera jamais Auschwitz !

---

[10] Kayitesi C., *Une saison de machettes*, Paris, Points Seuil, 2005, p. 102.

DEUXIÈME PARTIE

LES COPRODUCTEURS DU DISCOURS HUMANITAIRE

CHAPITRE IV

MARKETING SOCIAL ET *FUNDRAISING*

ANTOINE VACCARO

Depuis le début des années soixante-dix, le nombre des associations a crû de manière exponentielle, illustrant par là même le dynamisme de la société civile. Le monde associatif constitue un incroyable « bazar » avec des organisations dont les raisons sociales, les tailles, les moyens, les genres sont différents. En France, il n'existe pas de recherches précises susceptibles de mesurer la nébuleuse philanthropique. Les seuls chiffres disponibles sont obtenus à partir de recoupements entre sondages et compilations de données administratives, notamment pour ce qui concerne leur poids financier[1]. Il est clair cependant que la plus grande partie du financement privé en France (alors qu'elle est la cinquième puissance mondiale) est très loin derrière les autres pays occidentaux. Le financement privé des associations et fondations se répartit de manière assez égale en cinq grands secteurs : santé et recherche médicale, action sociale laïque, action sociale cultuelle, aide au tiers-monde, environnement et protection de la faune et de la flore et, accessoirement, culture et protection du patrimoine.

Au-delà de cette répartition, on constate qu'une centaine d'associations « accaparent » près de 80% de la générosité des Français. Il existe donc, à côté du financement public traditionnel, un mécénat populaire qui montre, même si les sommes en jeu ne sont pas comparables à celles de l'État, un réel intérêt de l'opinion pour le phénomène associatif et un incontestable

---

[1] Une des première études sur le sujet, celle du CERPHI (Centre d'étude et de recherche sur la philanthropie), estime qu'il y a aujourd'hui en France un peu plus d'un million d'associations, ce qui représentait financièrement, en 2006, 60 milliards d'euros de budget annuel financé à 51 % par l'État pour seulement 6 milliards d'euros de dons. Voir sur ce sujet le site du CERPHI : www.cerphi.org

succès marketing. Succès marketing, car c'est lui qui explique la réussite des grandes ONG à la fin du 20ème siècle. La rencontre entre offre de « causes sociales » et demande de soutien de la part du public va en effet devenir possible grâce à une démarche marketing spécifique. Nous la nommerons « Marketing social »[2].

Le moment inaugural de cette nouvelle ère remonte, pour moi, à l'année 1970. Je me souviens d'une soirée télévisée au profit de la Fondation pour la recherche médicale réalisée par Pierre Sabbagh, animée par Georges de Caunes et Pierre Bellemare. Il s'agit de collecter des fonds contre le cancer. La soirée s'étale de vingt heures trente à minuit. Pour inciter à donner, les organisateurs comptabilisent les promesses pendant l'émission. Le défi est de mettre en scène ces promesses en direct, alors que seuls 30 % des Français sont équipés d'un téléphone. Les présentateurs proposent donc le stratagème suivant : ils demandent à tous les foyers qui sont prêts à faire un don de 10 francs – qu'ils pourront déposer dans une urne disposée dans toutes les mairies de France qui resteront ouvertes toute la nuit – d'éteindre leur téléviseur pendant une minute, à 21 heures précises.

Lorsque la trotteuse de l'horloge de l'ORTF, plein écran, marque 21 heures, nous sommes des millions de foyers à éteindre notre poste. Une minute plus tard, les deux présentateurs nous expliquent que, grâce à EDF qui a mesuré la chute de tension sur ses compteurs, nous allons connaître par une simple règle de trois, le nombre de foyers qui ont promis de verser 10 francs. Une petite demi heure plus tard, après chansons et interviews, un responsable d'EDF accompagné d'un huissier, annonce que le montant des promesses s'élève à 10 millions de francs. Georges de Caunes et Pierre Bellemarre, nous encouragent ensuite à aller déposer nos dix francs dans l'urne. Au final, ce sont 18 millions de francs qui sont collectés, soit l'équivalent de 8 millions d'euros. Pas mal, pour un coup d'essai et un tel bricolage pour enregistrer les promesses !

Deux ans plus tard, le comité français de l'Unicef traduit une lettre réalisée par son homologue américain et l'envoie à quelques milliers de Français. Le succès de l'opération marque les débuts de la collecte de fonds moderne, grâce au marketing direct. Quelques organisations prendront le tournant : MSF, la Fondation de France, l'ARC. Je découvre, à cette

---

[2] Le Marketing social se définit par rapport au Marketing industriel et commercial, que l'on pourrait résumer par la définition suivante : « Le Marketing est une activité humaine orientée vers la satisfaction des besoins et des désirs d'une clientèle au moyen de l'échange ». Cette définition est extraite de : Kotler P., *Marketing Management*, Paris, Pearson Education France, 2006. L'état d'esprit « Marketing » est donc orienté vers le client. Le Marketing social doit, lui, avoir dans sa démarche quelque chose de plus et de différent de ce qui suffit au Marketing des affaires. Au moment de son intervention, il aboutit à une formulation originale de la question du changement social.

époque, cette grammaire que je vais contribuer à diffuser d'abord à la Fondation de France en 1976, puis en 1984 à Médecins du monde. Nous venons d'importer en France le *fundraising* à la mode anglo-saxonne, donnant un nouvel éclairage au Marketing social et à la communication *non profit*.

À partir de là, notre contribution vise à expliquer d'une part comment le *Mix-Marketing* du secteur industriel et commercial s'adapte au secteur non marchand, à définir d'autre part les spécificités du Marketing social et à montrer enfin comment le Marketing des causes humanitaires est une des formes les plus abouties de ce Marketing social.

Comment adapter le *Mix Marketing* du secteur industriel et commercial au secteur non marchand ?

Le principe fondamental du Marketing est la promesse qui est faite de la satisfaction des besoins exprimés par le client. Tout est donc dans la promesse ! Les démarches marketing sont d'ailleurs classées en fonction de la capacité par le client de vérifier que la promesse est tenue. Cette démarche peut être présentée sur un axe qui va des Marketings les plus tangibles aux Marketings les moins tangibles.

+ tangible   - tangible

Marketing : des biens physiques ->services tangibles ->social ->politique ->voyance ->religieux

Pour ce qui est du Marketing des services et des produits tangibles, la mesure de la satisfaction par le client, et donc la vérification de la transformation de la promesse en acte, est plus simple. Si j'achète une table, une chaise, ou un séjour au Club Med, je peux assez aisément vérifier si la promesse a été tenue. Mon niveau de satisfaction, même s'il demeure subjectif peut être aisément objectivé.

Le Marketing religieux, le Marketing de la voyance et le Marketing politique se classent, selon notre hiérarchie, dans le champ du Marketing intangible. Dans ce cas, la vérification de la promesse est plus difficile et semble reposer sur un niveau de subjectivité élevé. Il est vrai, notamment, que les promesses du Marketing politique n'engagent que ceux qui les écoutent.

Le Marketing social est à mi-chemin sur cet axe entre le Marketing religieux et le Marketing des biens tangibles. La promesse du Marketing social est en effet difficile à vérifier, en tous cas pour le client, puisqu'elle s'adresse souvent à un tiers qui sait, lui, si la promesse est satisfaite. Nous y reviendrons plus loin.

Au-delà de ces différences, notre époque de maturité post-industrielle nous éloigne culturellement de la période, si lointaine aujourd'hui, qui précède les Trente glorieuses. La démocratisation des biens industriels a modifié notre rapport au monde et transformé l'acte de consommation. Dans notre société d'abondance où l'offre est multiple, voire pléthorique, la consommation de produits physiques et de services tangibles est aussi en très grande partie symbolique. En achetant des biens ou des services, nous achetons autant des fonctions de signe que des fonctions d'utilité. Il serait trop long d'aborder ici cette problématique. Elle pourrait faire à elle seule l'objet d'un livre. Force est cependant de constater que dans cette évolution, la valeur symbolique des objets et des services incarnée par les marques impose des comportements et des attitudes de consommation qui n'ont parfois rien à voir avec la valeur d'utilité de l'objet. Pierre Macabru, dans une chronique du Figaro[3], donne à ce sujet quelques pistes : « La publicité se nourrit de ces faux-semblants. Ce qu'elle nous propose et nous vante ce sont des ombres, des rêves, des chimères ». Ces rêves et ces fantasmes sont tout entier contenus dans la marque qui les suscite. L'empire des marques, quel que soit le secteur, marchand ou non marchand, est désormais un fait incontesté et résulte de cette symbolisation de la consommation.

La consommation de services intangibles par une clientèle au profit d'un autre bénéficiaire (qui peut être un individu ou la collectivité dans son ensemble) est un exemple typique de cette consommation symbolique. Il en résulte que la démarche marketing est opératoire si une personne ou un groupe tente de vendre un produit, un service ou simplement de convaincre une audience. La difficulté de passer d'une finalité à l'autre réside dans les connotations qui sont associées au mot Marketing : marché, mercantilisme. Le Marketing peut ne pas concerner qu'un fonds de commerce. On peut en effet considérer qu'il y a aussi derrière l'idée de marché d'autres notions comme l'audience, la collectivité, les groupes, les populations. Pour être clair, « il est indispensable de considérer les publics comme des groupes conscients, développant une dynamique propre, produisant des valeurs culturelles, contribuant par leurs interactions aux évolutions sociales. […] Ainsi l'homme n'est pas un objet manipulé, sujet libre, il peut engager une véritable négociation. C'est à ce partenaire conscient et valide que le Marketing social souhaite s'adresser. » Le Marketing devient dans ces

---

[3] Voir *Le Figaro* du 9 octobre 2006.

conditions une réflexion orientée vers un but et la mise en œuvre de moyens pour atteindre ce but. Trouver un emploi, convaincre un mécène de financer un projet, obtenir de l'argent de poche de ses parents pourraient être ainsi passés au crible de la démarche Marketing afin d'obtenir de meilleurs résultats.

Au final, le Marketing est simplement une philosophie de l'action. Et, dans la mesure où nous sommes dans un système d'échanges permanents, tout est Marketing !

Du marketing social au marketing des causes humanitaires

Guy Serraf et Denis Lindon[4] ont identifié les critères qui permettent de spécifier la démarche du Marketing social. Nous proposons de les reprendre et de les commenter brièvement avant de montrer que le marketing des causes humanitaires est la forme la plus aboutie du marketing social.

Favoriser le changement d'attitudes et de comportements

Il existe deux façons de mener des changements d'attitudes dans une société démocratique : la coercition par la loi ou la conviction grâce à l'information, la formation et le Marketing. Certains comportements peuvent être facilement régulés par la coercition (lutte contre l'alcool, contre le tabagisme, etc.). La loi ne peut pas tout cependant. Il paraît difficile, par exemple, de légiférer dans le domaine de la lutte contre le sida, aussi l'action de la puissance publique, pour prévenir la maladie, passe-t-elle par la communication.

Ce type de démarche est assez récent en France. Bien sûr, il existait des campagnes de communication gouvernementale pour tenter d'instruire la population sur tel ou tel fléau. Mais pendant longtemps, ces campagnes ont été avant tout des campagnes d'information et non de Marketing. Pour illustrer ce propos, revenons au premier spot télévisé de la lutte contre le sida, en 1987 : « Le sida, il ne passera pas par moi », où l'on voit une main casser une courbe en croissance exponentielle illustrant le nombre de personnes atteintes. Ce spot disait que l'épidémie de SIDA croissait à grande vitesse, qu'il fallait la stopper, mais ne disait rien sur les moyens.

La première étape de la démarche Marketing s'efforce, après s'être fixé des buts, de comprendre ce que pense le « consommateur », quels sont ses freins et ses blocages face à une offre. Elle cherche à connaître

---

[4] Lindon D., *Le Marketing Politique et social*, Paris, Dalloz, 1981.

l'environnement, les facteurs qui favorisent ou empêchent un comportement. Si l'on transpose cette proposition au cas des ONG, cela signifie qu'il faut comprendre où sont les objections au soutien à telle ou telle cause[5] et comment essayer de les dépasser.

L'étape suivante consiste à mesurer les forces et faiblesses de l'émetteur du message, à définir un plan d'actions (un *mix-Marketing*) et, enfin, à évaluer les effets de ce qui a été énoncé pour – éventuellement – corriger et revenir à l'étude de l'audience. J'en détaille plus loin les différentes étapes pour montrer que cette démarche est réellement cybernétique[6].

Quelques années plus tard, des études de marché (d'audience ici) ont été réalisées pour comprendre comment le public forme son opinion sur un sujet et ce qu'il est prêt ou non à entendre. Les campagnes issues de cette nouvelle approche ont permis d'aborder, par exemple, la question du préservatif. De la même manière, ce type d'approche a été mobilisé pour déterminer ce qui importait le plus dans la réalisation de campagnes de collectes de fonds pour les aveugles guidés par un chien. Ainsi, on a constaté que le public voulait voir mis en scène le talent du chien-guide plutôt que la situation de handicap de l'aveugle.

Développer une démarche Marketing permettant la promotion des causes sociales

C'est sans doute le volet le plus spécifique de la démarche Marketing social, car c'est celui qui est porté par le secteur privé. Les pouvoirs publics, du fait de leur lourdeur et de leur éloignement des réalités vécues par les citoyens, ne voient pas, ou refusent de voir, quand ils ne les cachent pas, certaines réalités. Il aura fallu des combats d'associations et de groupes de pression pour faire admettre en France, l'existence de la pédophilie dans des institutions – a priori au-dessus de tout soupçon –, sans parler des violences conjugales et de bien d'autres problèmes de société. C'est à l'initiative de citoyens, librement regroupés en association, que ces sujets ont pu émerger et être révélés au grand jour. Ces causes sont restées longtemps étouffées, car elles dérangeaient l'ordre social, ou, plus simplement, parce que la puissance publique ne voulait pas, ou ne pouvait pas, s'y attaquer. Plus loin de nous, la lutte contre le sida, l'excision des filles ou les ravages des fistules vésico-vaginales, dans des pays où ces réalités sont niées, étaient aussi des causes sans voix.

---

[5] Certains publics « bloquent » par exemple à l'idée de soutenir des programmes humanitaires en Afrique ou au profit de populations musulmanes.
[6] Tableau extrait de Lindon D., *op.cit.*

Marketing social et *fundraising*

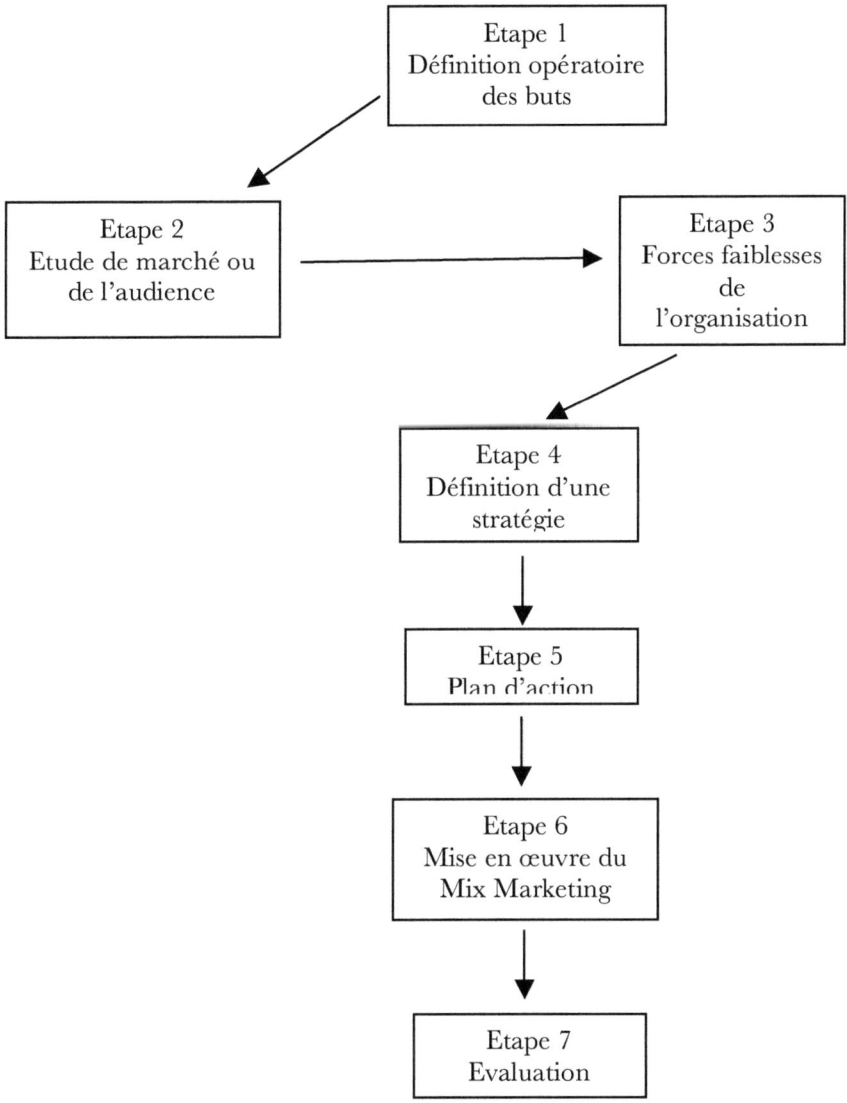

Vendre un certain nombre de services « sociaux », culturels et éducatifs

C'est le volet le moins caractéristique, pour nous, de la démarche Marketing social. En effet, quelle différence y a-t-il entre le Marketing des cuisines Vogica (exemple de coopérative de production), classé dans le champ du Marketing social, et celui des cuisines Mobalpa, considéré comme du Marketing industriel et commercial ?

Permettre le financement par le mécénat populaire des causes d'intérêt général

Ce dernier point est sans doute le plus démonstratif de la démarche Marketing social et la preuve que le marketing peut s'appliquer partout. En effet, la découverte, au début des années 1970, que la recherche de financement privé ne découlait pas d'une simple démarche empirique ou de celle de dames patronnesses a révolutionné le financement privé des associations. L'introduction en France du Marketing direct professionnalisé, grâce à l'informatique, et surtout aux expériences menées aux Etats-Unis, a conduit un certain nombre de professionnels, responsables associatifs, mais aussi patrons d'agence de publicité et de marketing direct, à en théoriser les méthodes. Ce volet du Marketing social a connu un grand succès dans l'univers non marchand, parce qu'il a des incidences directes sur les ressources privées des associations. Sa mise en œuvre s'est imposée d'autant plus facilement qu'elle allait permettre aux organisations d'intérêt général de pérenniser leurs ressources privées. Ses caractéristiques, ses multiples applications et son succès en font une des démarches les plus fécondes en termes d'innovation et d'expertise.

L'exemple du marketing des causes comme forme aboutie du marketing social

Comme on l'a vu, la promotion des causes sociales et la levée de fonds se fait dans une démarche Marketing tournée vers un client qui n'est pas le bénéficiaire du service rendu. Qui est le client de Médecins du monde ? Le bénéficiaire de l'aide, qui n'est pas solvable et qui ne choisit pas, ou le donateur ? Pour le marketing, la réponse est claire : c'est le donateur bien sûr ! Mais si celui-ci n'est pas le bénéficiaire, qu'achète-t-il ? Quelle est la promesse qui lui est faite ? Comment fait-il pour vérifier qu'elle est bien tenue ? Donnons la parole au « pape » du *fundraising*, Francis Andrews[7], qui fait cette introduction lors d'un célèbre discours devant ses collègues de la Direct Marketing association : « Je vais vous parler d'un produit de rêve, il n'a pas de prix établi à l'avance, le client paie ce qu'il veut et ce qu'il peut payer pour ce produit, aucun inventaire n'est requis mais on n'est jamais en rupture de stock ; on obtient un paiement cash à la commande et le crédit

---

[7] Andrews F., *Fund Raising. Marketing for Human Need*, DMI, Milestone Report, 1976.

n'a pas cours [...] Ce produit, c'est le don dans ce qu'il offre comme satisfaction morale ».

Le client est donc bien le donateur ; il reçoit bien une contrepartie (sa satisfaction morale) et il doit être en mesure de vérifier que la promesse faite a été tenue. Ici sa satisfaction est toute symbolique, puisqu'il n'est pas l'usager de la prestation de l'organisation qui reçoit le don. Cette vérification pourra se faire au travers des rapports de mission remis par l'association, avec les articles de presse qui attestent de son efficience ou en se rendant lui-même compte de ce qu'il a « acheté ». C'est ce que, en d'autres termes, j'ai appelé, dans divers ouvrages et interventions, le « dilemme de la cible ».

Il aura fallu de longues années et de longs combats pour admettre, dans les associations, que d'une certaine façon le donateur est le vrai propriétaire de l'association, car c'est lui qui *solvabilise* la cause, qui donne de l'indépendance et de la liberté d'action aux responsables associatifs. Il aura fallu attendre, pour que ce fait soit admis, que les associations vérifient la récurrence et la stabilité des financements privés, obtenus grâce aux techniques que nous allons développer plus loin. MSF l'a bien compris, puisque dès la fin des années 90 l'association a déclaré ne plus accepter de fonds publics.

Le *Mix Marketing* appliqué à la collecte de fonds

LE *MIX MARKETING* SOCIAL
APPLICATION A LA COLLECTE DE FONDS

- Politique de Produit : Quelle cause ?
- Politique Commerciale : Valeur du don ?
- Politique de distribution : Moyens pour collecter des fonds ?

- PUBLICITE
- RELATIONS PRESSE
- RELATIONS PUBLIQUES
- MECENAT- SPONSORING

⇩

FORCE DE VENTE : FORCE DE COLLECTE

La communication des ONG humanitaires

J'ai transposé le *mix Marketing* industriel et commercial à la collecte de fonds dans un ouvrage paru en 1987[8]. La démonstration reprend la même grille décomposée en trois grands niveaux :

1- la définition de la superstructure du Mix, ou trois P : Politique de produit, Politique commerciale et/ou de prix et Politique de distribution ;
2- l'orchestration des médias pour émettre la promesse de la satisfaction des besoins et attentes ;
3- le choix d'une ou de plusieurs forces de collecte.

Ce tableau appelle quelques commentaires pour expliquer le mode de transposition de la superstructure. Tout *mix-Marketing* nécessite de définir quelle « Politique de produit » l'organisation souhaite adopter. Dans le domaine de la collecte de fonds, la question corollaire est de s'interroger sur la cause défendue. Ainsi, si je suis une ONG d'aide au tiers monde, je dois préciser si j'agis dans l'urgence, le développement, l'alimentaire, le médical ou l'agricole, etc. La Politique commerciale concerne notamment la fixation du prix. Il s'agit en fait de poser la question de la valeur du don qui est proposée aux donateurs. 15 euros pour un sac de riz, 30 euros pour une prothèse de jambe, 500 euros par an pour parrainer un enfant. Enfin la Politique de distribution, touche au moyen d'acheminer le produit (ici la cause) pour que les « clients » puissent l'acheter. Comme il n'existe pas de « supermarché de la générosité », ni de « concessionnaires », la politique de distribution passera essentiellement via le Marketing direct.

Dès lors que ces éléments de superstructures sont précisés, la mise en œuvre des moyens pour exprimer son message revient à coordonner les médias. Cette opération est identique, qu'on agisse dans le secteur marchand ou pas, même si la médiatisation de la cause passe prioritairement par les relations presse, les relations publiques, le mécénat, le sponsoring et la publicité.

Dernière étape et pas des moindres : la mobilisation de la force de vente qui est ici la force de collecte.

Nous pourrions prendre une multitude d'exemples pour montrer combien cette transposition fonctionne bien. On retiendra ici en guise d'illustration le combat contre les mines antipersonnel, mené depuis vingt ans par Handicap international. Cette organisation a décidé au début des années 90 de ne plus se

---

[8] Vaccaro A., *Communication et collecte de fonds*, Ivry, Éditions Chopin, 1987.

contenter de soigner des enfants amputés à cause des mines, mais de s'attaquer à l'origine du mal, à la fabrication et à l'usage des mines antipersonnel. Grâce à une réelle collaboration entre les responsables de l'association et l'agence conseil en recherche de fonds, les associatifs ont construit un nouveau combat et l'agence un nouveau *mix-Marketing*. L'agence (à l'époque Excel) a revisité les éléments de la superstructure de la manière suivante :

1- la politique de produit ou de cause : l'interdiction des mines ;
2- la politique commerciale (de prix) : le montant du don demandé ;
3- la politique de distribution : marketing direct, au travers de tous ses médias.

La campagne a été lancée avec une opération de relations presse, un événement (la pyramide de chaussures) et une vaste signature de pétitions. Ont suivi alors des campagnes de publicité (affichage, télévision, radio), et comme force de collecte des campagnes de mailings et de télémarketing, qui ont fait de ce combat l'un de plus remarqués de la fin du siècle dernier, aboutissant, en 1997, à reconnaître Handicap international comme co-lauréat du prix Nobel de la paix.

La trilogie du don

Le marketing social entre dans un modèle économique particulier, que j'ai appelé l'« économie du don ». Ce modèle est bien identifié, il repose sur l'enchaînement suivant : prospection, fidélisation, succession. Avec la prospection, il s'agit pour l'organisation de conquérir des donateurs pour asseoir une stratégie de collecte de fonds pérenne. La philanthropie est affaire de particuliers et non d'entreprises. La constitution d'une base de données de donateurs fidèles en est le principe premier. Cette conquête de donateurs a évidemment un coût. C'est une étape d'investissement. Pour 1 euro dépensé, l'organisation peut recevoir dans le meilleur des cas 2 euros, mais plus généralement 1 euro et trop souvent 0,5 euro.

La fidélisation est une étape centrale : on prospecte pour fidéliser, on fidélise pour avoir des legs. Un fichier qui ne serait pas fidélisé représente une gabegie inadmissible pour une organisation. Pour 1 euro dépensé, la moyenne des retours sur investissement doit être, conformément aux moyennes, de 5 à 10 fois supérieure. Pour cela, il est nécessaire d'écrire aux membres du fichier et d'entretenir une relation régulière avec ses donateurs. Certaines organisations écrivent de 10 à 15 fois, par an, à leurs donateurs. Plus concrètement, une politique de fidélisation, c'est avant tout : la proximité, l'accueil, le remerciement, l'information, la relance, la récompense, la récupération. Cette fidélisation s'appuie principalement sur les médias du Marketing direct, comme d'ailleurs l'ensemble des séquences[9]. De ce fait, la fidélisation impose le Marketing direct et son outil majeur le mailing. On ne cesse d'annoncer son déclin, mais le mailing reste le média qui optimise le mieux la trilogie des dons. Il est déterminant, que ce soit en prospection, pour sa capacité à constituer des fichiers, ou en fidélisation pour entretenir la relation entre l'association et ses donateurs.

Troisième temps de cette économie particulière du don : les successions. Elles représentent une part de plus en plus importante des ressources des associations et fondations. Ce sont les ressources qui croissent le plus vite (une croissance à deux, voire trois chiffres) et cela vaut pour tous les pays qui financent l'intérêt général par le don.

À l'issue de cette présentation, il convient de s'interroger sur les raisons du succès du marketing direct dans la mise en œuvre de notre trilogie. Ce succès réside dans l'optimisation des cinq propositions suivantes :

- le ciblage de la population prospectée. Les donateurs sont des gens plutôt âgés ; inutile d'écrire à des publics trop jeunes ;
- la possibilité d'argumenter les idées, les propositions. Les projets et combats que mènent ces organisations nécessitent d'êtres abondamment développés ;
- la possibilité d'apprécier dans des délais courts, la rentabilité de l'investissement. On connaît parfaitement le coût de l'envoi de 10 000 lettres et si on a pensé mettre un coupon réponse en retour, on peut aisément en mesurer l'économie.
- la fidélisation des correspondants. Comme vu plus haut la trilogie des dons tourne autour de l'axe de la fidélisation des donateurs ;

---

[9] Une règle de commerce nous précise qu'on ne fidélise bien un fichier que si l'on utilise en fidélisation les mêmes outils utilisés qu'en prospection.

- enfin la possibilité de tout tester. La singularité du marketing direct, comme démarche spécifique du marketing réside dans cette possibilité d'évaluation permanente, comme le décrit bien le tableau ci-dessous :

TEST à 40.000 exemplaires		
	message A	message B
Fichier 1	0,8%	0,9%
Fichier 2	1,2%	1,5%

EXTRAPOLATION à 1 million d'exemplaires		
	message B	message B'
Fichier 2	1,5%	1,6%
Fichier 2'	1,4%	1,3%

Quels sont les moteurs du don ?

Il est coutumier de dire que le succès des campagnes de Marketing direct repose sur trois éléments :

- la cause défendue par l'organisation : d'évidence, il est plus facile de collecter des fonds privés pour l'enfance malheureuse que pour des prisonniers sortants de prison, en cure de désintoxication ;
- le fichier auquel on s'adresse : si les donateurs ont généralement plus de 50 ans, inutile de s'adresser aux lecteurs de Pomme d'Api ;
- le message : c'est, pour certains, l'essentiel du succès des opérations de levée de fonds. Un certain nombre de fondamentaux en matière de conception/rédaction de message permettent d'éviter erreurs et échecs.

La conception/rédaction du message doit reposer sur une trame rhétorique qui s'organise autour de ce schéma :

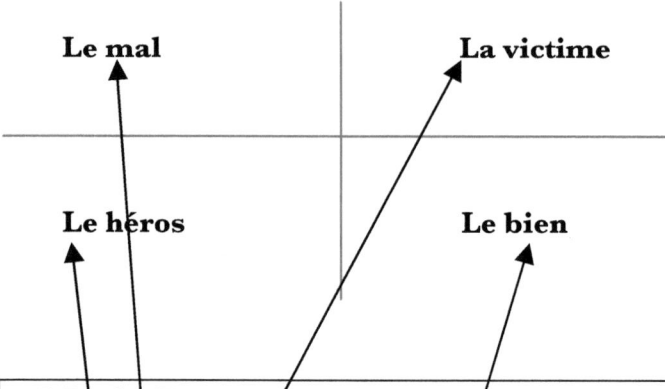

Marie-Rose a besoin de vous !

À huit ans, Marie-Rose a peur des adultes, et particulièrement de ceux qui portent une blouse blanche. Évidemment… depuis sa naissance, les médecins n'ont pas cessé de l'ausculter, de la manipuler, mais son mal reste au fond de sa poitrine, avec cette douleur qui la tenaille et l'empêche de respirer.
Car la fillette est atteinte d'une malformation cardiaque, la Tétralogie de Fallot : son sang ne suit pas le circuit normal et se trouve mal oxygéné par les poumons.
La seule personne en qui la petite a confiance, c'est son père. Alors, quand papa lui a dit qu'elle pourrait bientôt s'envoler pour la France, parce que là-bas des chirurgiens répareraient son cœur malade, elle n'a pas pleuré, elle a simplement demandé si, dans la famille d'accueil, elle pourrait jouer en compagnie d'autres gamines de son âge…
Marie-Rose vit à Yaoundé, au Cameroun, avec son père et son petit frère. Papa s'occupe seul des deux enfants depuis son divorce. Son métier d'électricien lui permet de les nourrir et de les élever, mais comment pourrait-il assumer les frais de l'opération à cœur ouvert qui fera de sa fille une enfant comme les autres ?
Aidez-nous à sauver Marie-Rose.
Merci pour votre geste de générosité sans lequel rien ne serait possible.
En diffusant cet email à votre carnet d'adresse, vous attacherez de nouveaux maillons à notre chaîne de solidarité. Un simple clic, et tout au bout, c'est la vie redonnée…

Ce schéma est cependant insuffisant. Pour mobiliser une opinion, il faut amener la conviction du donateur potentiel au point de convergence de ces trois flèches :

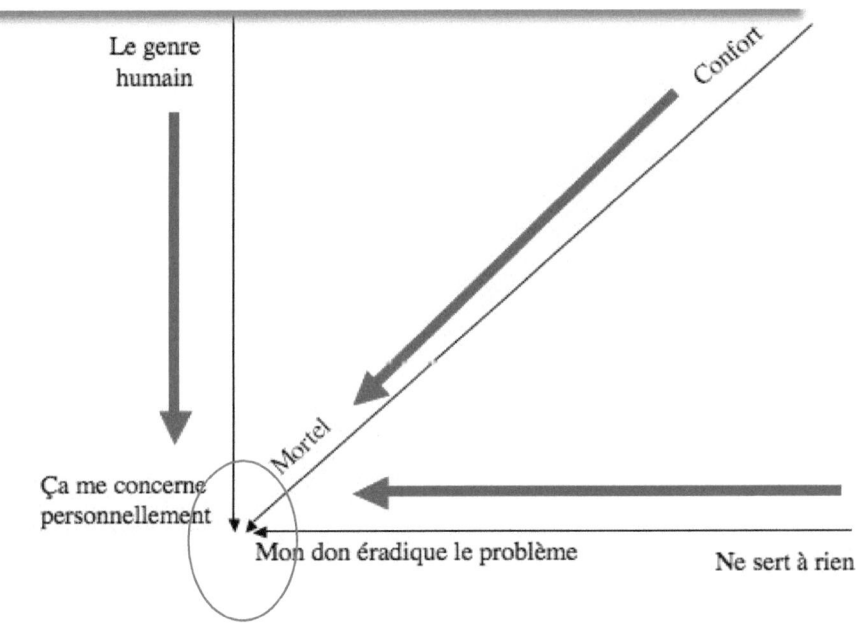

Il s'agit, dans la trame du discours développé, de déclencher le don en amenant le donateur potentiel à se convaincre de trois choses. D'abord, que la cause le concerne personnellement et n'est pas un sujet qui le touche de très loin. Ensuite, que cette la cause pour laquelle on le sollicite est une question de vie ou de mort. Enfin, que par son geste, il peut changer les choses.

Pour conclure, ce qui a révolutionné, sans aucun doute, la recherche de fonds privés par les fondations et les associations, c'est l'introduction en France des techniques de Marketing direct. Le Marketing direct a véritablement démocratisé la collecte de ces organisations. Des organisations, dont la notoriété, la taille, les statuts ne permettaient pas *a priori* un démarchage à grande échelle (réservé à celles qui sont les seules capables de mettre en branle la radio, la télévision, la presse ou autorisées à faire la quête sur la voie publique), ont pu elles aussi s'adresser au public. La parfaite adéquation des techniques du Marketing direct à la recherche de fonds a permis de faire passer celle-ci du stade artisanal au stade industriel. Elle a surtout favorisé sa modélisation par des professionnels, en agence, dans les

ONG[10] et, depuis peu, en milieu universitaire et grandes écoles[11], faisant du Marketing direct une technique à part entière. On peut dès lors résumer la situation ainsi. Il existe une offre : les organisations d'intérêt général. Il existe une demande : des donateurs disposés à acquérir par leur don la satisfaction morale de participer à une action philanthropique. Il existe un produit : les actions sociales, humanitaires, de recherche, etc. Ces différentes composantes constituent un marché spécifique que l'on peut appeler le « marché du don ». Logiquement, les organisations qui ont décidé de s'intéresser à ce marché font désormais appel aux outils de connaissance et d'approche du marché privé.

---

[10] Association française des *fundraisers*.
[11] Il existe par exemple un Certificat de f*undraising*, à l'ESSEC.

CHAPITRE V

JOURNALISTES ET HUMANITAIRES : SOUS-ENTENDUS, MALENTENDUS

CHRISTOPHE AYAD[1]

Ce texte est issu d'une intervention orale axée sur le témoignage, d'où son caractère personnel et le recours fréquent à la première personne. Il s'agit d'une libre réflexion sur les relations souvent ambiguës, parfois « incestueuses » ou alors conflictuelles, entre journalistes et humanitaires. Cette réflexion se fonde avant tout sur une expérience personnelle de terrain. Elle n'a pas vocation à former une théorie élaborée ou un savoir approfondi. J'ai choisi de me concentrer sur le cas des ONG et non pas des agences onusiennes ou du CICR, qui font de l'humanitaire aussi, parce que je pense qu'il y a une forte ressemblance entre les ONG humanitaires et les entreprises de presse. Cette intervention n'est donc qu'une contribution modeste et personnelle au débat, rien de plus, rien de moins.

J'ai choisi d'intituler cette intervention « Journalistes et humanitaires : sous-entendus, malentendus », parce qu'il y a quelque chose d'évident, mais aussi de faussé, dans la relation entre les journalistes et les humanitaires. Leurs parcours d'études sont similaires et j'ai retrouvé plusieurs années plus tard des camarades d'université. Journalistes et humanitaires ont souvent la même formation, le même âge, les mêmes valeurs, les mêmes références culturelles, les mêmes habitus sociaux et parfois les mêmes engagements politiques. Souvent, chacun s'est orienté vers la presse ou l'action humanitaire à cause des

---
[1] Grand reporter au service Étranger de *Libération*.

aléas et des opportunités de la vie. Ainsi, certains sont passés à l'humanitaire après une expérience de pigiste, tandis que d'autres, à l'inverse, ont commencé par l'humanitaire par goût du voyage et de « l'aventure », avant d'entrer dans la presse écrite ou audiovisuelle pour avoir été au bon endroit au bon moment. Il y a, dans chacun de ces deux métiers, le sentiment que la frontière est très floue. Cela touche tout particulièrement la génération des journalistes ayant de 30 à 50 ans, c'est-à-dire la mienne. La génération précédente, celle qui a fait Mai 68, avait pour modèle le couple Debray/Che Guevara : Debré raconte l'histoire de Che Guevara, mais il est aussi celui qui n'ose pas aller jusqu'au bout de son engagement pour passer à l'action politique, voire la lutte armée. Debré renonce aux armes, il veut rester dans les plis de l'Histoire. La génération suivante, la mienne donc, a été marquée par un autre modèle, nettement moins politisé. C'est la génération de « Touche pas à mon pote » et de *We are the world*, cette chanson interprétée par une pléiade de vedettes en 1984 pour recueillir des fonds destinés à lutter contre la famine en Éthiopie. C'est une génération morale, sans grande culture politique. Pour moi, qui était trop jeune lors de la guerre du Biafra et qui n'avait pas compris grand chose au drame des *boat-people*, la famine en Éthiopie a été un « révélateur », le premier souvenir d'un engagement consistant à envoyer un chèque en regardant Bob Geldof à la télévision. Notre modèle n'était plus le Che mais un chanteur au grand cœur. Tout comme il y a eu le couple révolutionnaires/journalistes des années 60-70, il y a le couple journalistes/humanitaires des années 80-90. Inconsciemment, dans l'esprit de ma génération, l'humanitaire, c'était celui qui allait au bout de sa logique et traduisait son engagement dans des faits. Celui qui avait décidé de changer le réel plutôt que de le raconter, un modèle en quelque sorte. Tout comme l'utopie de la révolution s'est effritée après la révélation du goulag, le drame de la famine éthiopienne de 1984 a été largement écorné par les révélations sur son instrumentalisation politique par le régime Mengistu à l'époque, qui avait accentué les effets d'une sécheresse dramatique en effectuant des déplacements forcés et qui détournait l'aide humanitaire à son profit. En donnant de l'argent, j'avais contribué, comme beaucoup d'autres, à nourrir l'armée éthiopienne, alors en guerre contre des guérillas érythréenne et tigréenne. Mais cela, je l'ai appris une décennie plus tard, lorsque j'ai commencé à travailler dans la presse.

En dehors de ce rapport de fascination et de confusion entre journalistes et humanitaires, une autre évolution importante est à noter : c'est l'appauvrissement des entreprises de presse et des médias, tandis que les ONG humanitaires se sont nettement enrichies et développées. Les ONG sont devenues de grandes entreprises de logistique, mais aussi d'influence, d'information et de réflexion, auxquelles les journalistes ont, au jour le jour, facilement recours. Quelles sont donc les relations entre presse et humanitaire aujourd'hui ?

Pour répondre à cette question, partons de situations réelles : dans mon travail de journaliste au service Etranger d'un quotidien national, je suis la plupart du temps à Paris et parfois, plus rarement hélas, en reportage. À Paris, je suis régulièrement sollicité par des ONG et leurs services de communication. Le niveau de base, ce sont les mailings, les fax, les conférences de presse et les coups de téléphone... Cela va du plus professionnel au plus caricatural. Pour donner un exemple caricatural, cela donne :

« – Bonjour, nous sommes des étudiants, nous avons fondé une petite ONG, on fait des choses au Mali, et on voudrait que vous parliez de nous.
– Vous faites quoi au Mali ?
– En fait, on voudrait faire des choses au Mali et cela serait bien de parler de ce qu'on a envie de faire, quoi.
– Oui mais, pour l'instant, cela n'existe pas ?!
– Justement, si vous en parlez, on aura les moyens de le faire. »
Sans commentaire.

Autre exemple, à peine moins caricatural. Un mail ou un fax arrive : « l'ONG XY a perdu deux de ses employés locaux somaliens, assassinés hier à Mogadiscio. XY est présente depuis vingt ans en Somalie ». Un coup de fil suit :
« – Bonjour, avez-vous reçu notre communiqué ?
– Oui.
– Vous avez fait un article ?
– Non.
– Pourquoi ? Vous n'êtes pas intéressé par notre action là-bas ?
– Si, mais la moindre des choses, ça aurait été de préciser leur nom, les circonstances de leur assassinat, etc. »
Là apparaît au grand jour l'antagonisme entre les deux mondes. La presse veut informer sur un conflit, l'ONG veut améliorer son impact sur le terrain, voire soigner son image auprès des donateurs.

Troisième exemple, nettement moins caricatural, mais assez révélateur des attentes de part et d'autre :

« – Allo, bonjour c'est Alicette de l'ONG YZ, on a un rapport sur les problèmes de nutrition au Darfour. Les chiffres sont intéressants ; ils révèlent que la situation ne s'améliore pas malgré l'aide massive du Programme alimentaire mondial. Cela veut dire qu'elle est détournée ou revendue. C'est assez explosif.

– Oui, en effet, je voudrais bien le lire.

– D'accord, mais il y a un embargo.

– Ah, jusqu'à quel jour ? Est-ce que le journal pourrait l'avoir avant ?

– Il faut que je voie avec la direction de YZ. Ça dépend de la place que vous pouvez lui consacrer… »

Avec les ONG considérées comme fiables, la presse a un rapport identique à celui des autres sources. Un rapport de force du type : « garantis-moi l'exclusivité et je ferai passer ton message. Si tu donnes l'information à tout le monde, j'en ferai moins ». Pour les ONG, le dilemme est le suivant : « Si je donne l'exclusivité à un média, les autres vont être furieux, mais cela attisera leur curiosité. Si je donne l'information à tout le monde en même temps, elle va se diluer. L'AFP va faire une dépêche et les journaux une brève. » Pour prendre un exemple concernant Médecins sans frontières (MSF) et *Libération*, en 1998-99, le quotidien avait fait sa Une sur une étude de la mortalité violente au Kosovo menée par MSF : il y apparaissait clairement une surmortalité suspecte parmi les hommes en âge de rejoindre l'UCK, la guérilla indépendantiste en guerre contre l'armée fédérale serbe. La conclusion politique, tirée par *Libération*, était que sans protection internationale, le Kosovo était voué à un « ethnocide » discret. Beaucoup de médias avaient embrayé sur le scoop de *Libé* car c'est un journal très lu par les journalistes.

Dans les relations entre la presse et les ONG, il ne faut pas oublier l'importance du paramètre personnel. Il arrive que je sois en contact avec des personnes que je connais depuis longtemps, parce que nous avons fait nos études ensemble ou que nous nous sommes connus sur le terrain, dans des circonstances plus ou moins difficiles. Cela crée des liens qui dépassent largement la relation habituelle entre une source et un média. Mais, au-delà des sympathies personnelles, il est de mon intérêt d'être en contact régulier avec des gens qui s'intéressent à des conflits lointains, difficiles d'accès et complexes. Il n'y a, par exemple, pas beaucoup de gens en France qui se tiennent très régulièrement au courant de ce qui se passe au Darfour. Dans ce cadre-là, mes sources préfèrent que je ne les mentionne pas : si je mentionne telle ou telle ONG, son personnel sur le terrain risque fort de subir les réaction du gouvernement aux propos tenus par l'ONG à Paris. Les ONG n'ont donc pas vocation à se transformer en agence de presse et à communiquer à tout va. Leur priorité reste le travail humanitaire et donc l'accès au terrain. Si cela passe par le silence ou un profil bas, elles l'adopteront, tant que cela en vaudra la peine.

En ce qui concerne les sources et leur crédibilité, il y a une hiérarchie naturelle qui se fait. Évidemment, les grandes ONG ont plus de moyens, plus d'expérience : il s'agit de Médecins sans frontières, Médecins du monde, Action contre la faim. Il y a des gens plus spécialisés, comme le Secours catholique, qui travaillent au long cours et ont de bons réseaux dans la société civile. Et puis il y a les petites ONG, où l'on trouve de tout. Cela va des gens pas sérieux du tout, comme l'Arche de Zoé, à des structures très efficaces et connaissant parfaitement leur terrain, comme Triangle, qui fait un travail très original et intéressant avec les tribus nomades du Ouest Darfour. Ce sont des gens qui, contrairement aux grandes ONG en proie à un fort *turnover*, ont une présence très longue sur le terrain – deux ou trois ans sur un terrain au lieu de six mois.

Il faut aussi parler des voyages de presse. Il arrive que l'on nous propose des voyages « clé en main », du moins les organisations qui en ont les moyens. La politique de *Libération*, normalement, est de ne pas accepter. Évidemment, les médias ont toujours moins de scrupules, parce qu'ils se disent que c'est pour la bonne cause. Cela ne change rien au problème par rapport à Total ou au gouvernement du Gabon, qui organisent, eux aussi, des voyages de presse. La même retenue devrait s'appliquer, puisque toutes ces ONG sont aussi dans une logique d'image de marque et de collecte de fonds. Cela dit, on a beau avoir des principes clairs et simples, il y a des endroits où l'on ne trouve pas à se loger et où seules les ONG ont les infrastructures et les moyens de s'installer correctement. Donc, il m'est arrivé de loger chez des ONG, parfois en payant une petite contribution à la nourriture quotidienne et à l'entretien des locaux. Cette situation avait plusieurs avantages, notamment celui de voir les humanitaires au quotidien, dans leur travail et après, mais aussi dans leurs rapports avec les autorités locales, ce qui en dit parfois long sur la situation réelle du pays. Le problème, pour le journaliste, est de faire le tri entre ce qui peut mettre en danger l'ONG, et en particulier ses employés locaux soumis à de fortes pressions, et ce qui peut être d'un intérêt général.

La communication des ONG humanitaires

Lorsque les ONG sont en position d'être la seule source dans certaines situations extrêmes, il est difficile de masquer que l'information vient d'elles. Evidemment, cela dépend beaucoup du contexte local et de la diffusion des médias en question auprès des acteurs locaux : l'ambassade de tel pays à Paris lira-t-elle l'information, fera-t-elle un rapport à sa capitale, quelqu'un fera-t-il le lien avec l'ONG en question ? Par exemple au Darfour, où les ONG sont régulièrement accusées par le pouvoir de faire de l'espionnage, d'encourager la population à se soulever ou de propager le christianisme, l'accueil d'un journaliste par une ONG ne ferait que renforcer la suspicion des autorités et donner à celles-ci des prétextes pour expulser cette ONG. Il faut toujours garder à l'esprit que journalistes et humanitaires n'ont absolument pas les mêmes objectifs, contrairement à ce que croit le grand public et même les intéressés : le but de l'ONG est de rester sur place et de travailler, celui du journaliste de rentrer à Paris avec la meilleure histoire possible.

Pour finir, je pense que la presse travaille trop avec les humanitaires et pas assez sur les humanitaires. L'humanitaire n'est toujours pas un sujet d'enquête journalistique. Il n'y a pas encore, chez les journalistes, une culture humanitaire suffisante pour s'emparer de ce sujet comme n'importe quel autre (la politique, l'économie ou la culture) et pour voir quel impact ont les humanitaires sur le terrain : positif, négatif, nul ? Dans certains cas, comme l'interminable guerre civile au Sud-Soudan (1983-2005), je n'étais pas loin de penser que l'industrie humanitaire a contribué à faire durer le conflit en faisant vivre des dizaines de milliers de personnes, qui avaient un intérêt à ce que tout cet argent de la guerre continue à affluer. Mais il faut pouvoir assumer de dire cela, qu'une guerre franche et nette, avec un vainqueur et un vaincu, est parfois plus souhaitable qu'un conflit bloqué, qui finit par ronger toute la société. En tout cas, cela réclame enquête.

TROISIÈME PARTIE

LA QUÊTE D'UNE RHÉTORIQUE ACCEPTABLE

CHAPITRE VI

QU'EST-CE QUE LA DÉONTOLOGIE DE LA COMMUNICATION HUMANITAIRE ?

YVES POIRMEUR

La déontologie humanitaire n'est-elle qu'un instrument de communication marketing[1] destiné à constituer une « façade de bons sentiments et de respectabilité », sans véritables effets sur les conduites des acteurs ? Avec le fulgurant développement du « marché de la pitié »[2] et des actions humanitaires, l'utilisation des médias pour les populariser, et le recours aux méthodes du marketing pour susciter et accroître la générosité du public indispensable à leur financement, la définition et le respect de règles déontologiques sont devenus un enjeu permanent dans le champ des organisations. Particulièrement sensibles, en raison des traits originaux des activités en cause – l'aide humanitaire et l'appel à la générosité publique – et des croyances des individus qui y participent – l'enchantement du dévouement[3], de l'engagement désintéressé et apolitique[4] –, ces questions sur la nature, la portée et l'application de la déontologie n'ont rien de spécifique à l'humanitaire, comme en attestent la vigueur des controverses sur les

---

[1] Brauman R., « L'image avant l'action », *MSF Infos*, mai 2003, http://www.msf.fr
[2] Sur ce « marché » : Badie B., *La diplomatie des droits de l'homme*, Paris, Fayard, 2002 ; Brauman R., *L'action humanitaire*, Paris, Flammarion, 1995.
[3] Willemez L., « De l'expertise à l'enchantement du dévouement », in Collovald A. (dir.), *L'humanitaire ou le management des dévouements*, Rennes, PUR, 2002.
[4] Dauvin P. et Siméant, J., *Le travail humanitaire*, Paris, Presses de Sciences Po, 2002. Sur les limites de l'apolitisme : Ollitrault S., « Les mobilisations humanitaires», in Arnaud L. et Guionnet C. (dir.), *Les frontières du politique*, Rennes, PUR, 2005.

déontologies du journalisme[5] ou de la communication. Elles renvoient fondamentalement à ce qu'est la déontologie, qu'il faut donc définir.

Comme son étymologie le suggère, la déontologie est la connaissance des devoirs. De l'éthique, conçue comme recherche personnelle ou collective de la sagesse dans l'action, et de la morale envisagée comme ensemble de règles de vie admises dans une société à un moment donné, elle se distingue par son caractère instrumental et professionnel[6]. Mise en avant par les utilitaristes[7], elle consiste à montrer empiriquement quels sont les meilleurs comportements, entendus comme procurant le maximum d'utilité collective, et à les ériger en règles de conduite. Les pratiques vertueuses ressortent d'une comparaison de l'utilité des actions possibles. « Connaissance empirique des devoirs » d'une profession[8], elle est l'*ensemble des réglages concrets*[9] que ses membres énoncent sous forme de normes générales. Elles fixent leurs obligations réciproques et à l'égard des groupes dont ils ont besoin pour accomplir leurs fonctions. Ainsi entendue, la déontologie n'est que la *codification des règles spécifiques* d'une profession assortie d'une *police de ses pratiques*. Elle recouvre une large palette de situations concernant la production de ses règles, leur force obligatoire et leurs organes d'application. En France, l'État délègue à des ordres professionnels la régulation et l'exercice de la répression disciplinaire de certaines professions libérales, tandis que pour d'autres, il laisse les associations professionnelles libres de les fixer, après avoir posé un cadre juridique minimum.

Entre ces deux hypothèses paradigmatiques, les sources de la déontologie combinent, dans des proportions variables, normes étatiques et règles privées de valeur et de portée inégales : les unes, juridiques, sont sanctionnées par l'État, les autres s'appuient sur des sanctions privées[10]. Les déontologies sont donc très contrastées : leurs contours et leurs propriétés varient selon qu'on les cerne par un critère matériel ou organique. Au sens matériel – règles propres à une profession – leurs normes sont très abondantes pour les unes et résiduelles pour les autres ; au sens organique – règles élaborées et sanctionnées par la profession elle-même – beaucoup plus restrictif, leur géométrie dépend de l'ampleur de la régulation étatique : plus

---

[5] Poirmeur Y., « La déontologie journalistique en débat », in Legavre J.-B. (dir.), *La presse écrite : objets délaissés*, Paris, L'Harmattan, 2004.
[6] Sur l'autorité des normes : Durkheim E., *Leçons de sociologie*, Paris, PUF, 1995.
[7] Bentham J., *Déontologie ou science de la morale*, La Versanne, Encre Marine, 2006.
[8] Les bénévoles doivent aussi le respecter pour éviter que leur activité ne soit contestée.
[9] Siméant J., « Déontologie et crédibilité », *Politix*, n°19, 1992.
[10] Exclusion, retrait d'un label, publication d'observations sur la violation des obligations des adhérents.

Qu'est-ce que la déontologie de la communication humanitaire ?

l'État intervient, moins elles ont de place[11], et les associations professionnelles se bornent alors à s'approprier le droit et à l'assortir de sanctions propres. Sauf quand les deux critères sont réunis par l'existence d'un ordre professionnel, le périmètre des règles déontologiques est incertain et leur effectivité discutée. Cette incertitude est accrue pour les professions faiblement institutionnalisées, qui se dotent d'autant moins d'une déontologie que celle-ci n'ajouterait rien au droit applicable[12]. C'est quand leurs activités sont dénoncées de l'extérieur ou de l'intérieur qu'elles codifient leurs bonnes pratiques pour restaurer leur légitimité et éviter une intervention de l'État limitant leur autonomie.

C'est ainsi, en effet, qu'elles se sont organisées pour définir leur déontologie, lorsque les procédés de la communication humanitaire ont changé et que de graves scandales ont entaché la crédibilité des associations humanitaires. Dans le champ humanitaire, le souci déontologique s'est manifesté par l'adoption de chartes par de grandes ONG, puis par la création d'institutions privées – le Comité de la charte de déontologie – chargées par les associations adhérentes de codifier des règles liées à leurs intérêts communs et de les sanctionner. Par la suite, toutes les associations du secteur, membres ou non du Comité de la charte[13], se sont dotées de chartes fixant les normes spécifiques qu'elles s'engagent à suivre[14]. Leurs dispositions sont centrées sur la nécessité de « susciter la confiance des donateurs » et des bailleurs de fonds en investissant dans la crédibilité et l'adoption de conduites vertueuses. Si le *dispositif crédogène* ainsi constitué présente globalement les mêmes défauts que les autres déontologies – être constitué de règles *professionnellement intéressées* – et est exposé à voir son contenu normatif vivement controversé, l'intérêt croissant de l'État pour la régulation du secteur humanitaire, dont il réduit fortement l'autonomie normative, limite la portée de la critique sur le manque d'effectivité de ses normes, dont le respect s'appuie sur des mécanismes de contrôle entrecroisés.

---

[11] Plus les normes sont posées par l'État, moins la profession a d'autonomie normative.
[12] La plupart des chartes d'entreprise sont des gadgets communicationnels reprenant la législation.
[13] Certaines ONG le considèrent comme inutile, alors qu'un contrôle public efficace existe. D'autres ne souhaitent pas s'y retrouver aux côtés d'associations dont elles ne partagent pas les idées ; elles ne veulent pas se soumettre à ses vérifications et à ses critiques. L'insuffisance de ses vérifications pouvant valider des conduites qu'elles réprouvent, elles refusent de participer à cette entreprise de légitimation collective.
[14] Les règles qu'elles édictent sont très proches. Leur spécificité est liée au secteur d'intervention de l'ONG (distribution de médicaments, aide ciblée sur une catégorie de victime) ou à ses conceptions de l'humanitaire, notamment la fonction de témoignage.

Construction et transformation d'un dispositif crédogène intéressé

La préoccupation déontologique a fait irruption dans le champ humanitaire au milieu des années quatre-vingt avec le développement des organisations humanitaires et l'apparition de la *charité business*[15] : divers scandales[16] mirent alors en cause l'utilisation des fonds et les méthodes pour les collecter, risquant d'entraîner une perte de confiance des donateurs et une réduction du rendement des collectes[17]. La confiance étant la condition même de la capacité d'agir d'organisations dépendant largement des dons privés et des aides publiques, elle a logiquement été placée au centre de la déontologie humanitaire : le réglage des rapports avec les donateurs, souvent établis à distance par des opérations de communication et les représentations médiatiques, y surdétermine tous les autres réglages, car il conditionne la survie même de ces associations. En réaction aux premières dérives, une *Charte de déontologie des organisations faisant appel à la générosité du public* fut élaborée par une association[18] créée par les organisations intéressées par le label de qualité qu'elle délivre et se soumettant aux contrôles effectués par ses organes de vérification. En matière publicitaire, le Bureau de vérification de la publicité sanctionnant les formes de publicité abusives ou malsaines, adopta des recommandations pour normaliser les appels à la générosité publique[19].

Cette déontologie humanitaire a toutefois été mise à rude épreuve par les nouvelles affaires qui ont émaillé la vie du monde caritatif : polémiques sur la collecte des fonds pour les victimes du tsunami et dernièrement l'affaire de l'Arche de Zoé. Ces affaires ont ainsi révélé la persistance et l'apparition de pratiques portant atteinte au crédit des acteurs de l'humanitaire. Vivant de dons et d'aides, les *entreprises humanitaires* en concurrence pour les obtenir sont d'autant plus conduites à prendre des libertés avec la déontologie que les ressources sont rares et coûteuses à mobiliser. De même que les innovations communicationnelles, les coups médiatiques et les transgressions des règles peuvent se révéler payants, surtout pour des organisations nouvelles ou marginales qui ont peu à y perdre et pensent y avoir

---

[15] Kouchner B., *Charité business*, Paris, Le Pré aux Clercs, 1986.
[16] Affaire de la Ligue bleue contre le cancer, puis de l'ARC.
[17] Bruneau D., « L'autocontrôle associatif est-il possible ? », in Dufourcq N. (dir.), *L'argent du cœur*, Paris, Hermann, 1996.
[18] Créée en 1989 par 18 associations. Voir à ce sujet, Bruneau D., art. cit.
[19] Teyssier J.-P., *Frapper sans heurter*, Paris, A. Colin, 2004.

beaucoup à gagner[20]. Comportements opportunistes et surenchères sont donc les conséquences prévisibles du fonctionnement de ce champ où des causes sont mises en concurrence par les organisations pour le contrôle des dons. Toutefois, il ne peut persister qu'en maintenant l'*illusio* qui est à l'origine même de sa constitution, c'est-à-dire les croyances sur lesquelles repose son existence. Les organisations humanitaires qui peuvent être tentées ponctuellement de s'affranchir des règles déontologiques ont un *intérêt collectif* à investir dans la légitimité, en développant des *dispositifs crédogènes*[21] pour obtenir la confiance des donateurs dont elles ont toutes besoin. Si les scandales servent de prétexte à l'adoption ou à l'adaptation des règles déontologiques, elles sont plus fondamentalement l'objectivation des réglages rendus nécessaires par les transformations structurelles du champ humanitaire et/ou du milieu dans lequel les associations humanitaires évoluent.

Deux mutations fondamentales, qui ont marqué la construction de la déontologie humanitaire, doivent être relevées, à côté des innovations médiatiques qui, en introduisant de nouvelles possibilités de collecter des fonds et de se faire connaître[22], soulèvent donc de nouveaux problèmes déontologiques[23]. La première de ces mutations est la professionnalisation de la collecte de fonds et du personnel des organisations humanitaires qui a présidé à la codification de règles générales ; la seconde réside dans leur « managérialisation »[24] qui l'a réorienté vers une *conception démonstrative*.

Professionnalisation des organisations humanitaires et fixation des règles déontologiques de la confiance

Les organisations humanitaires relèvent d'un univers de valeurs formant *le soubassement émotionnel et normatif*[25] des jugements portés sur leurs activités. Sédimenté peu à peu[26], ce référentiel normatif comporte quatre impératifs : le désintéressement de l'organisation et le bénévolat de ses membres servant une cause humaine qui les dépasse ; le caractère voulu et limité des libéralités consentis ; le respect de la volonté du donateur dont la générosité doit bénéficier aux destinataires

---

[20] C'est une dimension importante de l'affaire de l'Arche de Zoé.
[21] Karpik L., *L'économie des singularités*, Paris, Gallimard, 2007.
[22] Les médias audiovisuels ont accepté les émissions de collecte caritative à partir de 1970.
[23] Collecte des fonds sur Internet, dons par SMS...
[24] Lefèvre S., « Le sale boulot et les bonnes causes », *Politix*, n°79, 2007.
[25] Blic (de) D., « Cent ans de scandales financiers en France», in Boltanski L. et *alii*, *Affaires, scandales et grandes causes*, Paris, Stock, 2007.
[26] Marais J.-L., *Histoire du don en France de 1800 à 1939*, Rennes, PUR, 1999.

désignés et non à une autre cause ou à la jouissance privée des gestionnaires de l'œuvre ; enfin, que l'État puisse exercer un contrôle sur l'organisme bénéficiaire à partir d'un seuil d'engagement de ses deniers par des libéralités assorties de déductions fiscales. Ces principes ont été aisément respectés tant que les activités humanitaires et caritatives sont restées locales et que les dons s'effectuaient dans une interconnaissance permettant de vérifier leur bonne utilisation. Les choses ont changé avec la généralisation des dons anonymes, collectés par voie d'appels généraux à la générosité publique, au bénéfice d'organismes agissant à l'échelle nationale et/ou internationale, prenant en charge des malheurs plus lointains et donc plus abstraits.

Si en reconnaissant certaines associations d'utilité publique, l'État s'est fait, aux yeux du public, le garant de l'intérêt général de leurs finalités et du sérieux de leur fonctionnement, le foisonnement d'organisations aux objets les plus divers, et ne bénéficiant pas de cette reconnaissance, n'a fait que rendre plus problématique l'application de ces principes par toutes ces organisations. D'autant que, pour faire face à la complexité de certaines opérations – collecte de fonds, logistique, coordination des interventions à l'étranger, élaboration des demandes d'aides publiques, suivi et présentation des comptes... – celles-ci ont eu recours à des professionnels rémunérés, ce qui entrait en contradiction avec la conception traditionnelle de l'humanitaire comme relevant du bénévolat et du volontariat[27]. Cette professionnalisation exigeait l'objectivation de règles déontologiques assurant la compatibilité des nouvelles pratiques avec les représentations dominantes dans l'opinion, qu'elles tentaient aussi d'infléchir pour les naturaliser.

S'agissant des organisations humanitaires, leur conversion aux méthodes modernes de collecte de fonds s'est effectuée dans les années 80 : « Il est fini », constate B. Kouchner, « le temps du bricolage humanitaire, de la main à la main, d'homme à homme. Les organisations de charité qui demeurent en vie sont gérées comme des entreprises. Pour survivre, il faut apprendre à apitoyer et aller chercher la fortune là où elle est. »[28]. Plusieurs facteurs y ont concouru : la volonté d'indépendance des associations vis-à-vis des gros donateurs publics et privés, en élargissant leur base de collecte ; le succès des techniques de marketing et de vente par correspondance adaptables à la collecte de fonds[29] ; l'existence de professionnels[30] disposés à mettre

---

[27] Sur cette spécificité française : Ferré J.-L., *L'action humanitaire*, Toulouse, Milan, 2007.
[28] Kouchner B., *op.cit.*
[29] Vaccaro A., « Technique moderne de collecte des dons », in Dufourcq N. (dir.), *op. cit.*
[30] Vaccaro A., *Communication et collecte de fonds*, Ivry, Éd. Chopin, 1987 ; Burnett K., *Relationship Fundraising*, London, White Lion Press, 1992.

ces techniques au service de grandes ONG prêtes à recourir à leurs services.

Cette conversion des organisations humanitaires en *entreprises de charité*[31] ne pouvait que susciter l'hostilité de militants opposés à l'adoption des méthodes manipulatoires de la publicité et du marketing, méthodes incompatibles avec l'engagement au service de causes humanitaires et l'univers de la générosité. Efficaces et devenant *financièrement stratégiques*[32], ces méthodes sont parfois culpabilisantes, excessivement larmoyantes, recourant à des informations inexactes pour susciter la pitié et la compassion et faisant du don une sorte d'impératif catégorique. En le rabattant ainsi sur le publicitaire, elles pouvaient, auprès du public, discréditer l'humanitaire, qui risquait de devenir, les progrès de la générosité publique aidant, une simple activité commerciale dénoncée comme *charité business* accomplie par des professionnels vivant moins *pour* l'humanitaire que *de* l'humanitaire[33] ; quant aux dépenses de communication, elles risquaient d'être excessives, en servant, dans des cas extrêmes, à cultiver l'image d'un dirigeant charismatique ou à enrichir des agences de communication par le biais de contrats surévaluant les prestations effectuées.

Bref, il devenait indispensable de légitimer ces méthodes de collecte, de les encadrer pour les adapter aux grammaires de la présentation de la souffrance à distance[34] en vigueur dans l'univers où elles étaient ainsi importées. Et c'est ce à quoi se sont employés les professionnels du *fundraising*, en construisant de riches argumentaires répondant aux objections et aux critiques[35] et en montrant leurs méthodes comme seules capables de fournir aux ambitions humanitaires des moyens à leur hauteur. Il fallait aussi accompagner la professionnalisation de règles financières traçant le cercle de la lucrativité acceptable et en faire admettre les standards par les généreux donateurs.

La déontologie humanitaire est donc d'abord une manifestation de l'entrée de professionnels de la communication et du marketing dans le champ humanitaire construisant peu à peu le besoin des services qu'ils rendent[36], en les adaptant à ce milieu particulier comme « marketing

---

[31] Kouchner B., *op. cit.*
[32] Sur le succès du métier : Piovezan S., « Le métier prometteur de "fundraiser" », *Le Monde*, 10 juin 2008. Le problème de recrutement pour les ONG est le faible montant des salaires qu'elles pratiquent.
[33] À MSF, la grille salariale varie de 1500 à 5600 €.
[34] Boltanski L., *La souffrance à distance*, Paris, Métailié, 1995. Des règles juridiques encadrent la présentation du spectacle de la souffrance (décence et dignité).
[35] Gendre G., *Stratégies de la générosité*, Paris, Economica, 1996.
[36] Sur une construction analogue : Poirmeur Y., « Marché de la communication politique et mutation de la vie politique », in Rangeon F., (dir.), *La communication politique*, Paris, PUF,

social sans but lucratif » et en se dotant ainsi d'une identité professionnelle spécifique. Elle apparaît ensuite comme attachée au rétablissement de l'idéal de désintéressement, dont les organisations humanitaires s'éloignaient par une professionnalisation généralisée. Sans entrer dans le détail, les chartes de déontologie des organisations humanitaires, visant à « encourager la générosité du public » en suscitant sa confiance, se centrent logiquement sur la transparence du fonctionnement et des relations avec tous les acteurs impliqués dans la réalisation de leur objet. Les réglages ont cinq thèmes principaux : les rapports entre les membres de l'organisation (fonctionnement statutaire, transparence de l'information, gestion désintéressée, affectation des fonds aux causes, absence de thésaurisation) ; les rapports avec les fournisseurs et les prestataires (gestion désintéressée et transparente) ; les rapports avec les donateurs (information « fiable, loyale, précise et objective » sur les orientations de l'organisation et ses choix, l'origine de ses ressources, leur emploi ; mode de collecte « respectueux des donateurs et des personnes qui y apportent leurs concours ») ; les rapports avec les bénéficiaires de l'action (respect de la dignité des personnes dans les opérations de communications, utilisation d'informations exactes sur leur situation) ; les rapports avec les organisations concurrentes (indications claires et complètes sur l'émetteur pour éviter tout risque de confusion avec un autre).

On le voit, cette déontologie est la simple déclinaison de règles pratiques dont la violation expose le contrevenant à des réactions aussi concrètes que gênantes des acteurs dont les intérêts viendraient à être froissés. Ces règles générales de vertu ne sont que des règles de prudence, résultant de l'expérience comme celles plus spéciales qu'on peut relever dans des chartes internes[37]. Elles proscrivent les comportements et les manières de faire qui ont toutes les chances d'entraîner de graves difficultés, notamment juridiques. Mais comme elles sont la traduction des intérêts collectifs des associations humanitaires, elles ne sont pas toujours pertinentes en termes d'efficacité[38], et leur codification ignore de nombreuses questions éthiques qui n'en ressortissent pas directement : liens avec les journalistes[39] et usage des médias, relations avec les États[40], les

---

1991.
[37] Nécessité de respecter les traditions culturelles locales, sans lesquelles l'action sur le terrain risque d'être impossible, préférence pour les petits dons qui permettent d'afficher sa neutralité politique et de ne pas apparaître comme le faux nez d'un État, nécessité de respecter les lois du pays d'intervention, cas dans lesquels le devoir de témoignage s'impose.
[38] L'idéal de réduction des frais peut être contre-productif : Doucin M., *Les ONG : le contre-pouvoir ?* Paris, Toogezer, 2007.
[39] La question relève de la déontologie journalistique : c'est face aux logiques du *tapage*

entreprises[41], utilisation de leur autorité morale pour « délivrer des brevets de légitimité »[42] ou faire du lobbying[43], rapports avec les populations aidées et les militaires sur le terrain[44], part de fonds publics à ne pas franchir pour échapper aux pressions des bailleurs[45], distance à conserver pour éviter les manipulations[46], concurrence pour collecter les dons[47] et intervenir dans toutes les catastrophes : tout cela sort largement des chartes et semble être, à bien des égards, incodifiable. Quoi qu'il en soit, de nouveaux changements tant dans les modes de gestion des organisations humanitaires que dans le milieu dont elles tirent leurs ressources, ont induit, en provoquant leur *managérialisation*, une reformulation des règles abstraites pour qu'elles deviennent les composantes d'une *déontologie démonstrative*.

Managérialisation des organisations humanitaires et déontologie démonstrative

Après la chute du mur de Berlin en 1989, l'Europe crée un système de financement humanitaire – l'office européen d'aide humanitaire d'urgence (ECHO) – pour intervenir via les associations humanitaires dans les pays de l'est. La série des conflits internationaux qui se déroulent alors – Bosnie, 1992, Rwanda et Zaïre, 1994, Kosovo, 1999 – s'accompagne du dégagement d'importants budgets publics réduisant les besoins de financement privés des ONG. Mais l'attribution de ces fonds est conditionnée par la présentation d'un projet agréé par les financeurs, dont la réalisation doit faire l'objet d'un compte rendu détaillé. L'inscription des organisations humanitaires dans cette démarche a induit la « managérialisation des pratiques » en leur sein et contraint leurs militants à se reconvertir en « chefs de projets »[48]. Leur adaptation à ces exigences passant par le recours à des professionnels rompus aux pratiques de l'audit et de l'évaluation favorise le centrage

---

médiatique des ONG pour populariser leurs causes, que leur sélection médiatique est problématique : Dauvin, P., « Le public humanitaire des journalistes » in Dauvin P. et Legavre J.-B. (dir.), *Le public des journalistes*, Paris, La dispute, 2008.
[40] Dauvin P. et Siméant J., *op.cit.*
[41] Sur les chartes de partenariat ONG/entreprises et les labels : Doucin, M., *op. cit.*
[42] *Ibid.*
[43] Brauman R., « Les ONG et l'Afrique », *Questions internationales*, n°5, 2004.
[44] Kouchner B., « Humanitaire et militaire », *Inflexions*, n°5, 2007.
[45] Certaines refusent tout financement public, d'autres fixent des seuils. Doucin M., *op. cit.*
[46] Ryfman P., « L'arbitrage est constant entre la mission et le risque de manipulation », *Le Monde*, 20 novembre 2007.
[47] Sur la question de la répartition des dons entre les causes, illustrée par la mise en cause du Téléthon par P. Berger, président du Sidaction : Rollot C., « Faut-il et peut-on réguler le marché du don ? », *Le Monde*, 5 décembre 2009.
[48] Collovald A., (dir.), *op. cit.*

de leur déontologie sur des démarches démonstratives, alors que l'administration entière – communautaire et nationale – place peu à peu l'ensemble de ses interventions dans la logique de projet avec mesure d'atteinte des résultats et impose celle-ci progressivement à tous ses partenaires.

Cette *conditionnalisation des financements*, doublée de l'obligation de rendre compte des résultats, favorise la déclinaison des règles déontologiques sous formes de batteries d'indicateurs permettant d'en vérifier le respect et d'en faire un critère de performance. La diffusion des modèles managériaux (auto-évaluation, audit, certification externe), associée au contrôle renforcé de la Cour des comptes qui en a précisé la méthodologie, va dans le sens d'une *normalisation des référentiels* permettant la notation des organisations humanitaires à partir de points de contrôle – au nombre desquels les aspects déontologiques – par des agences de notation, des observatoires[49] et un Comité de la charte modernisé[50] pour prendre toute sa place dans ce contexte renouvelé.

Cette évolution qui fait de la déontologie un élément de la *bonne gouvernance*[51] des associations humanitaires n'est pas sans risque, dès lors qu'elle alourdit les procédures internes et donne à l'évaluation plus d'importance qu'à l'action, sans la rendre forcément plus efficace et sans éviter le contournement des règles par un habillage adapté[52]. Quoi qu'il en soit, la déontologie humanitaire s'enracine désormais dans un système argumentatif associant étroitement croyance et connaissance. Si les règles codifiées sont assez diversifiées, leur contenu normatif propre est assez limité, tandis que leur effectivité demeure controversée.

Forces et faiblesses de la déontologie humanitaire

Avec le progrès de l'intervention étatique dans le secteur sensible des dons des personnes privées à des causes d'intérêt général et la création d'encouragements fiscaux à la générosité publique – la « générosité fiscalement assistée »[53] –, la part des normes

---

[49] Observatoire de la confiance, ONG Scan etc.
[50] Devenu « Don et confiance », disposant d'administrateurs indépendants et de compétences diversifiées.
[51] Loing J.-L., *La bonne gouvernance des associations*, Paris, L'Harmattan, 2007.
[52] S'agissant des procédures de certification et de notation très appréciées des entreprises, la récente crise financière a montré leur inanité.
[53] Geffroy J.-B., « Fiscalité et générosité publique », in Mbongo P. (dir.), *La générosité publique. Dons, mécènes, entre droit et politique*, Paris, LGDJ, 2006.

déontologiques – au sens de normes posées par la profession – a été réduite, alors que par une série de textes, le législateur renforçait le dispositif juridique applicable aux organisations faisant appel à la générosité publique : par un jeu de vases communiquants, ces normes proprement déontologiques sont absorbées par le droit, limitant donc leur importance. En revanche, le renforcement des contrôles, leur diversification et leur affinement, sont un gage d'une amélioration de leur effectivité, lorsqu'on les entend comme l'ensemble des normes régissant la profession.

La faible valeur normative de la déontologie humanitaire

Le secteur humanitaire ne s'est pas constitué dans un univers dépourvu de règles : il s'est formé sur le terreau normatif ancien, qui régissait la charité et la philanthropie, et qui exprimait une certaine méfiance vis-à-vis des donateurs et des organismes bénéficiaires[54] : l'encadrement des libéralités privées est destiné à protéger les familles et à garantir la transmission du patrimoine – contenir la tendance à trop donner au détriment des héritiers[55] –, à empêcher la thésaurisation des dons par les institutions caritatives – notamment par les Églises renforçant leur puissance en s'enrichissant – au détriment des destinataires dont les intérêts doivent être protégés[56]. Soumissions des dons à autorisation, respect de la volonté des donateurs[57], obligation pour les institutions de bienfaisance d'être désintéressées – fondations d'utilité publique[58], associations définies par la loi de 1901 comme sans but lucratif, par opposition aux sociétés commerciales – crainte du détournement de fonds, de l'abus de confiance et de l'abus de faiblesse, dangers de la redistribution mal maîtrisée de certains produits[59]. Tout cela dessine le riche paysage normatif en constante

---

[54] Marais J.-L., *op. cit.* ; Dufourcq, N., « Le don intéressé », in Dufourcq N. (dir.), *op. cit.*
[55] Marais J.-L., *op. cit.*
[56] Merlet J.-F., *Une grande loi de la Troisième République : la loi du 1ᵉʳ juillet 1901*, Paris, LGDJ, 2001.
[57] L'article 910 du Code civil prévoyait que « Les dispositions entre vifs ou par testament au profit [...] d'établissements d'utilité publique n'auront leur effet qu'autant qu'elles seront autorisées par décret ». Il a été modifié par une ordonnance du 28 juin 2006 : dès lors qu'il n'y a pas opposition de la famille, la donation est acceptée par l'organisme légataire ou donataire. L'État peut s'y opposer si la libéralité n'est pas conforme à l'objet statutaire de l'organisme bénéficiaire.
[58] La reconnaissance d'utilité publique des associations suppose la présentation de leur situation financière et patrimoniale au travers des comptes de résultats et des bilans des trois dernières années, ainsi que du budget de l'exercice courant et de l'état des actifs et du passif. (Décret du 16 août 1901 pour l'application de la loi de 1901).
[59] Une loi de janvier 2007 interdit le recyclage des médicaments ramenés par les patients à leurs pharmaciens.

expansion, dans lequel prennent place les normes déontologiques humanitaires[60].

S'agissant des obligations financières, le législateur n'a fait, depuis la loi du 7 août 1991[61] relative au congé de représentation, que les renforcer pour les organismes qui font appel à la générosité du public, qui sont tenus de présenter à la fois des comptes d'emploi annuels des ressources collectées et l'affectation des dons par types de dépenses ; de même qu'ils sont soumis aux contrôles étendus de la Cour des comptes[62] et de l'IGAS. L'ordonnance du 28 juillet 2005 a fait du compte d'emploi un élément de l'annexe des comptes annuels et exigé que le lien soit fait entre la comptabilité générale et le compte d'emploi. Quant à la Cour des comptes, elle a présenté en 2007 un *Rapport sur la qualité de l'information financière communiquée aux donateurs par les organismes faisant appel à la générosité publique,* qui vise à l'élaboration d'un référentiel général à partir duquel les commissaires aux comptes vérifient et certifient le compte d'emploi[63]. Force est ainsi de constater que face à cette législation densifiée[64], notamment pénale[65], nombre de dispositions figurant dans les documents déontologiques ne font que reprendre, de façon plus vague, les règles juridiques, en se bornant parfois à rappeler simplement la nécessité de les respecter. S'agissant ainsi des opérations de communication humanitaire, la charte de déontologie des organisations faisant appel à la générosité du public indique que les organisations s'engagent à respecter les dispositions législatives et réglementaires relatives à la protection des données personnelles et aux appels à la générosité publique ; que la communication de l'organisation ne doit comporter « aucune inexactitude, ambiguïté, exagération, oubli, de nature à tromper le public », ce qui ne fait qu'évoquer la législation sur la publicité

---

[60] Une loi du 9 mars 2004 érige en circonstance aggravante des délits d'escroquerie et d'abus de confiance le fait qu'ils aient été commis « par une personne qui fait appel au public [...] en vue de la collecte de fonds à des fins d'entraide humanitaire ou sociale ». La peine encourue passe 5 à 7 ans (art. 313-1 et 2 et 314-1 et 2 du Code pénal).
[61] S'agissant des mesures de transparence financière, elles reprennent les obligations légales imposées aux associations recevant au moins 150000 € de subventions publiques ou 153000 € de dons avec reçus fiscaux et des nécessités comptables liées au contrôle externe par la Cour des comptes (loi du 7 août 1991) du compte d'emploi des ressources. Elles concernent les organisations.
[62] Loi de 1991, art. 3 à 7 ; la loi du 1er août 2003 étend la compétence de la Cour au contrôle de la conformité des objectifs des organismes et des dépenses financées par les dons, lorsque ceux-ci ont donné droit à un avantage fiscal...
[63] La Documentation française, 2007.
[64] Loi du 1er août 2001 relative au mécénat, aux associations, aux fondations encourageant la générosité publique.
[65] Jean J.-P., « La générosité publique sous la protection du droit pénal », in Mbongo P. (dir.), *op. cit.*

abusive[66] ; que l'émetteur doit éviter tout risque de confusion avec un autre émetteur, ce qui n'est que le rappel du droit à la protection du nom ou de la marque ; qu'il faut respecter « la dignité des personnes représentées », dont les atteintes sont sanctionnées par le Code pénal[67] ; ou encore qu'il faut respecter la loi sur les fichiers[68]. La prolifération des normes juridiques secondarise les règles que la profession s'impose, même si les standards juridiques étant souvent assez vagues, ils laissent une large place aux interprétations déontologiques. Déclinant ou interprétant le droit applicable, la déontologie humanitaire dont on retrancherait les règles proprement juridiques apparaîtrait seulement composée de normes secondaires, de modeste importance. Souvent programmatiques, formulant de vagues engagements, recourant à des standards flous dont il est difficile de définir la portée dans des opérations souvent accomplies dans l'urgence, les chartes de déontologie peuvent, au-delà de leur contribution à la diffusion et à l'accréditation sous une forme normative, aux apparences impératives, de la *mythologie fondatrice de l'humanitaire*, alimenter le soupçon de constituer une façade dissimulant des pratiques inavouables et de relever d'une simple *rhétorique de l'affichage*.

Une effectivité renforcée

La faiblesse des normes figurant dans la charte – leur sanction par un organisme professionnel ne présentant pas les garanties d'impartialité et d'indépendance indispensables à un contrôle objectif[69] – et l'insuffisance des sanctions prises[70] fondent le diagnostic d'une ineffectivité de la déontologie humanitaire. Plusieurs faits conduisent à nuancer cette appréciation. D'abord le secteur est encadré par un maillage de normes juridiques de plus en plus serré avec lesquelles se confondent les normes déontologiques, si bien qu'elles s'appuient

---

[66] Art. L. 121-1 du Code de la consommation disposant qu'« est interdite toute publicité comportant sous quelque forme que ce soit, des allégations, indications, ou présentations fausses ou de nature à induire en erreur » et qui concerne « la vente et la présentation de produits avec une origine prétendue ».
[67] L'article 227-4 sanctionne « le fait de diffuser un message à caractère violent ou pornographique ou de nature à porter gravement atteinte à la dignité humaine ».
[68] Art. 226-16 à 226-24 du Code pénal.
[69] Critique courante faite aux jugements des organismes professionnels qui, contrairement aux juridictions étatiques, ont des intérêts communs avec ceux qu'ils contrôlent et se montrent donc plus compréhensifs à leur égard.
[70] La procédure repose sur les rapports des censeurs. Après leur examen, des avis sont émis par la commission de surveillance qui sont la base des décisions du conseil d'administration : reconduction du label sans réserves, renouvellement critique et sous condition, avertissement, ou retrait d'agrément.

simultanément sur les sanctions prévues par la législation que peuvent prononcer les juridictions saisies de leur violation[71]. Ensuite, le renforcement des règles financières s'est traduit par la diversification des contrôles et la mise en place d'une surveillance régulière des grandes associations : aux contrôles privés se superposent ceux toujours plus poussés de la Cour de comptes et de l'IGAS. Cette surveillance renforcée et croisée introduit progressivement les bonnes pratiques dans les conduites et est un moyen d'en assurer une effectivité très concrète en faisant du respect de ces règles une exigence continue. S'y ajoute la surveillance de la presse qui, jouant le rôle « d'un imprécateur versatile garant de la déontologie dont les ONG se réclament »[72], est toujours prête à dénoncer les détournements de dons, les frais excessifs, les gestions dispendieuses, les rémunérations excessives des dirigeants et des employés, les gâchis ou les opérations menées de façon anarchique[73]. Les critiques journalistiques poussent « collectivement les ONG vers une exigence croissante de transparence et d'évaluation »[74]. Enfin, là comme ailleurs, il ne faut pas oublier que l'effectivité des règles ne tient pas seulement, ni principalement, à l'existence d'autorités de sanction étatiques – juges, administrations – ni à des sanctions très fortes, qui en l'espèce ne manquent pas. Elle suppose, si ces règles ne font pas tout simplement partie de l'habitus des acteurs, qu'ils en aient au moins connaissance et qu'elles soient intégrables à leurs activités[75]. Leur diffusion et la sensibilisation des professionnels à leur mise en œuvre favorisent certainement leur application. Elle peut aussi tenir à l'existence d'acteurs ayant intérêt, dans l'action elle-même, à les faire respecter. Cet intérêt peut résulter de l'anticipation de sanctions juridiques ou de l'anticipation d'un coût quelconque qui résultera pour eux de sa violation. Il peut aussi tenir aux avantages anticipés de son respect – en l'espèce avantages liés à un comportement exemplaire. Il peut encore résulter de la croyance en la validité de la norme – son caractère satisfaisant – et du devoir par conséquent de la respecter. En sens inverse, un fort avantage au non respect d'une règle favorisera sa violation[76]. L'existence d'organes internes de l'association chargés de faire valoir la norme – comité déontologique, médiateur,

---

[71] Le scandale de l'ARC a été sanctionné par la condamnation des responsables des détournements.
[72] Doucin M., *op. cit.*
[73] Baudet M.-B., « Les dérives du "business humanitaire" », *Le Monde*, 20 novembre 2007.
[74] Doucin M., *op. cit.*
[75] Sur ces distanciations : Lemieux C., *Mauvaise presse*, Paris, Métailié, 2000.
[76] Face à l'élan de générosité autour du tsunami, rares ont été les ONG à dire leur difficulté à affecter les fonds à leur destination et à renoncer à l'effet d'aubaine d'une collecte à coût minimal.

Qu'est-ce que la déontologie de la communication humanitaire ?

déontologue – et/ou l'institutionnalisation de procédures intégrant les normes déontologiques à toutes ses activités sont autant de moyens d'en assurer le respect[77]. Il en va de même des instances de contrôles privés externes[78] – organisations professionnelles, sociétés d'audits – qu'elles effectuent un contrôle *a priori* ou *a posteriori*, car elles contribuent à l'internalisation par les organismes surveillés de l'impératif déontologique. L'intervention d'entrepreneurs de morales externes dénonçant les mauvaises pratiques – c'est-à-dire d'acteurs intéressés par le respect de ces règles et capables d'élever le coût de sa violation – peut aussi inciter à leur application. Au total le respect de la déontologie humanitaire n'est pas moins aléatoire que celui d'autres types de règles : destinées à régir la liberté humaine, elles sont *du fait de leur nature même* exposées à être violées. Mais il est favorisé par le fort intérêt collectif des organisations humanitaires à entretenir la confiance constitutive du marché de la générosité qui est le meilleur gage de leur effectivité. C'est aussi cet intérêt qui explique pourquoi la déontologie est omniprésente dans la communication humanitaire[79] : objectivant les conditions de confiance consubstantielles de l'existence du champ humanitaire et de ses mythologies fondatrices, toutes les organisations qui y interviennent doivent la brandir comme le signe qu'elles sont bien en droit d'y opérer. D'où l'intense travail communicationnel pour accréditer l'idée qu'elles sont en règle avec elle et l'effort pour y conformer avec plus ou moins de bonheur leurs pratiques.

---

[77] La reconnaissance d'un statut protecteur *de lanceur d'alerte* favorise la dénonciation des dérives.
[78] Tous les acteurs du secteur n'acceptent pas de s'y soumettre.
[79] Notamment sur leurs sites Internet, avec l'affichage des règles, la description des dispositifs de contrôle internes et externes en garantissant l'application, la publication des audits et des labels…

CHAPITRE VII

LA DÉONTOLOGIE COMME « LIEU COMMUN » DE LA COLLECTE DE FONDS DES ONG HUMANITAIRES

SYLVAIN LEFÈVRE

« Vivre en générosité, c'est le sentiment que l'on a de son libre arbitre joint au désir de n'en manquer jamais. (Descartes, "Discours de la méthode")
C'est sous le signe de la générosité qu'on publie pour la première fois en France, l'Annuaire des "Fundraisers".
- Générosité de ces hommes et de ces femmes qui ont choisi de mettre leur compétence, leur savoir, leur volonté, au service des plus grandes causes.
- Générosité aussi parce que nous savons qu'avant l'argent, ce qui est en jeu c'est la vie, le bonheur, l'espoir de millions de personnes qui ont parfois tout perdu et attendent beaucoup de nous.
- Générosité de tous les volontaires, bénévoles, militants de nos associations qui font un travail formidable en France et dans le Monde.
- Générosité de milliers de donateurs : des hommes, des femmes de ce pays qui ont décidé de tenter quelque chose par eux-mêmes, sans attendre l'État, sans se dire que c'est à d'autres de le faire.
Nous ne sommes en définitive que les médiateurs privilégiés de cet échange d'amour entre les hommes et nous sommes fiers de ce métier. [1]*»*

Il y a vingt ans, les professionnels de la collecte de fonds œuvrant dans les principales ONG, fondations et agences du secteur, mettaient en place des instances de représentation, de régulation et de formation pour institutionnaliser leur profession. La déclaration précitée tenait à la fois de

---

[1] « Éditorial », Annuaire des *fundraisers*, Numéro spécial de *La Voie Privée*, 1989, p. 3.

la « profession de foi » et de la « foi en une profession » alors naissante en France : les *fundraisers* d'ONG. À cet égard, « l'annuaire des *fundraisers* », dont est tirée la citation, est un document fondateur dans la mesure où il permet de se compter[2] et surtout de se présenter collectivement, sous la dénomination englobante du *fundraising* : on y trouve à la fois des professionnels travaillant dans de petites associations ou de grandes ONG, en agence ou bien directement chez « l'annonceur », formés à la communication et au marketing, ou bien issus du sérail associatif. Ce qui les relie, c'est l'utilisation des techniques du marketing direct, et principalement de la sollicitation par publipostage, pour des levées de fonds au profit de causes sociales.

Mais leur appartenance collective à ce cercle professionnel est également solidaire d'une mise en scène de la mission sociale de la profession que cet extrait d'éditorial synthétise avec éclat, contre le stigmate du « *dirty work* ». Par emprunt à la sociologie interactionniste des professions[3], on désigne ainsi, d'un point de vue symbolique, un faisceau de tâches déconsidérées au sein d'un univers social et professionnel. En effet, le stigmate de la manipulation de l'argent dans un contexte associatif est le véritable fil rouge de l'institutionnalisation de cette profession[4].

Cet éditorial fondateur met en lumière la dimension constitutive du « *dirty work* », en parant à l'avance les reproches qui pourraient être adressés. Ainsi, les quatre points répondent chacun à des critiques potentielles, ou subies par les collecteurs en place : être des mercenaires (« ces hommes et ces femmes... au service des plus grandes causes »), escamoter les vertus de l'engagement par le primat donné à l'argent (puisqu'« avant de parler d'argent, ce qui est en jeu c'est la vie »), ne pas faire partie de la famille associative (au côté de « tous les volontaires, bénévoles, militants de nos associations ») et enfin manipuler les donateurs (qui, au contraire, « ont décidé de tenter quelque chose par eux-mêmes »).

Toute l'ambiguïté de la défense de cette profession tient dans cette incantation paradoxale de la « générosité », plaçant le collecteur dans le registre de l'*agapè*, du don sans condition et sans calcul. Or, le savoir-faire de ce professionnel tient justement à sa connaissance des rouages, collectifs (statistiques) et individuels (psycho-sociologiques), du marketing direct, qui *font* donner. Et toute l'ambiguïté du positionnement du collecteur est

---

[2] Cette recension est l'occasion, au-delà de « faire nombre », de mettre en lumière ceux qui comptent et, dans l'ombre, ceux sur lesquels on ne compte pas ; un des principaux collecteurs de l'époque, mis au ban du secteur pour des pratiques jugées douteuses, ne figure pas dans cet annuaire.
[3] Hugues E.-C., *Le regard sociologique*. Essais choisis, textes rassemblés et présentés par Chapoulie J.-M., Paris, EHESS, 1996.
[4] On renvoie le lecteur à Lefèvre S., « Le sale boulot et les bonnes causes : institutionnalisation et légitimation du marketing direct au sein des ONG », *Politix*, n°79, 2007, p. 149-172.

d'être doublement à la frontière : d'une part entre l'association et l'entreprise, par son savoir-faire issu du marketing commercial, et d'autre part *dans* et *hors* de l'association, par son manque de reconnaissance en interne (quand il en est salarié) ou par son travail en agence.

La construction d'une déontologie spécifique rythme les séquences d'institutionnalisation de cette profession depuis les années 1980. On entend par là un ensemble plus ou moins formalisé de codification des pratiques, d'instances de régulation et de contrôle[5], mais aussi une « mission sociale » qui œuvre comme principe unificateur et (ré)enchanteur des pratiques[6]. Plus précisément, la profusion d'incantations déontologiques dans des écrits, des chartes, des labels et certifications, fait du discours sur l'éthique de la collecte de fonds un véritable « lieu commun »[7] de la profession, au sein duquel chacun semble se retrouver et échanger. Mais ce « lieu commun » constitue également une arène de luttes, pour légitimer telle ou telle définition sociale du métier de *fundraiser* et réguler, par une course aux armements symboliques, des relations concurrentielles. Ainsi, comme nous allons le montrer dans cet article, la revendication et la mise en scène de « l'éthique » opère comme un instrument d'alignement ou de distanciation vis-à-vis d'acteurs extérieurs au champ des *fundraisers* associatifs (le « modèle américain », l'État, les entreprises privées…), tandis qu'au sein même de cet espace, il est utilisé comme principe de distinction et de (dé)légitimation entre les acteurs eux-mêmes.

La déontologie comme principe unificateur des pratiques de *fundraising*

Modèle libéral américain et idéal associatif républicain

Comme on l'a indiqué en introduction, c'est dans les années 1980 que s'institutionnalise progressivement la profession de *fundraiser*. Mais

---

[5] On ne reviendra pas ici sur ces dispositifs, sur lesquels porte la contribution d'Yves Poirmeur dans cet ouvrage.
[6] Ces deux dimensions renvoient à la notion d'*illusio*. Celle-ci permet de se prémunir d'une lecture trop stratégiste concernant la manière dont les collecteurs présentent et vivent leur métier. On a montré ailleurs l'articulation du statut de *fundraiser* avec les carrières morales, professionnelles et sociales de ses titulaires. Cf. Lefèvre S., *Mobiliser les gens, mobiliser l'argent : les ONG au prisme du modèle entrepreneurial*, Thèse de doctorat de science politique, Université Lille 2, 2008.
[7] Au-delà du sens toponymique, on emploie la seconde connotation du terme à dessein : la ritournelle déontologique prend le plus souvent la forme d'une « langue de bois » professionnelle, dont la maîtrise tient pour ses locuteurs à tout ce qu'elle oblitère et aux débats auxquels renvoient ses déclinaisons subtiles, imperceptibles pour le profane.

c'est dès le début des années 1970 que des experts du marketing direct utilisent leur savoir-faire au profit d'associations et de fondations. Ils prennent appui sur l'exemple américain, où le recours au marketing direct est déjà largement diffusé au sein du *Non-profit sector*, que ce soit dans les institutions culturelles, politiques, religieuses ou médicales. La plupart des pionniers du secteur français réalisent ainsi des voyages aux États-Unis pour se former. Sans surprise, au moment d'ériger un premier code d'éthique, on calquera celui des homologues américains de la *National Society of Fund Raising Executives* (NSFRE)[8]. Au-delà d'un apprentissage technique, le voyage aux États-Unis leur permet d'entrevoir des perspectives prometteuses par la duplication d'un modèle fort lucratif (pour les ONG comme pour les professionnels qui en monopolisent l'expertise). Mais c'est également un modèle politique et culturel qui est érigé en exemple à suivre pour les collecteurs français. Ainsi, les professions de foi formalisées à la fin des années 1980 dans les revues professionnelles du secteur et dans les ouvrages des principaux collecteurs célèbrent la libre initiative, d'un point de vue économique et politique, contre l'emprise d'un État qui étoufferait les initiatives par son étreinte. « Au pays des Jacobins, la société civile est de retour », titre un éditorial qui signe l'acte de naissance du Club des *Fundraisers*[9].

La mission d'intérêt général du *fundraising*, *via* l'application du marketing direct à la levée de fonds privés, serait de garantir, à la fois, une autonomie aux ONG[10], par rapport à la tutelle étatique, et une médiation dans l'espace public des voix des particuliers. Dans cette perspective, les États-Unis sont érigés en modèle, à la fois par une célébration aux accents tocquevilliens de la « société civile », à l'abri de l'État, et par leur incarnation de la modernité managériale. Mais cette référence au modèle libéral américain se conjugue en France à un idéal associatif républicain spécifique. En effet, le rapport à la philanthropie et au bénévolat est structuré, d'un point de vue individuel comme institutionnel, par des logiques très différentes de part et d'autre de l'Atlantique[11]. Rapidement, des enjeux éthiques deviennent saillants, autour de l'articulation de cette double affiliation.

---

[8] Ce code édicte, au-delà de quelques principes flous (« clarté, vérité, intégrité et sincérité ») que les collecteurs doivent être rémunérés avec un salaire ou des honoraires convenus d'avance, jamais par commission. Ce mode de rémunération serait susceptible d'ouvrir la voie à des malversations.
[9] *Archives de La Voie Privée*, 17, juillet-août 1988.
[10] Cette dimension est évidemment centrale pour les ONG humanitaires.
[11] Pour des perspectives comparées, voir notamment Simonet M., *Les mondes sociaux du « travail citoyen » : sociologie comparative de la pratique bénévole en France et aux Etats-Unis*. Thèse de doctorat de sociologie, Université de Nantes, 2000, et Bory A., *De la générosité en entreprise. Mécénat et bénévolat dans les grandes entreprises en France et aux Etats-Unis*,

Ainsi, dans la configuration hexagonale, de nombreux acteurs condamnent l'application de recettes managériales au titre d'une dénaturation de l'idéal associatif incarné par la loi 1901, fondé sur le bénévolat et l'amateurisme. Dans le secteur humanitaire, on assiste notamment à un débat entre MDM et MSF, en partie structuré autour de ces enjeux. À cet égard, on peut souligner que MSF fut une des associations pionnières dans le domaine du marketing direct, sous l'influence notamment de Claude Malhuret, qui partit observer aux États-Unis les techniques de publipostage des candidats républicains, particulièrement en pointe dans le domaine. Dans son ouvrage *French Doctors*, Olivier Weber rapporte les altercations entre Claude Malhuret et Bernard Kouchner, ce dernier critiquant l'orientation prise par MSF sous l'impulsion du premier, celle d'une « machine devenue trop énorme, ayant rejoint dans le peloton de tête les grosses organisations de charité, celles-là mêmes contre lesquelles MSF fut créée [...] [vilipendant] encore la dérive de MSF vers la professionnalisation, [déplorant] la fin du bénévolat et la disparition d'une fraternité au profit d'une charité supplémentaire. »[12]

Quelques années plus tard, en 1986, à l'époque où l'application du marketing direct est à son tour adoptée pour guider la communication de MDM, Bernard Kouchner développe un argumentaire très ambigu dans *Charity Business*, traitant les techniques du *fundraising* comme un mal nécessaire, entérinant son usage tout en en dénonçant ses excès. Ce système de légitimation, sur le mode du « mal nécessaire » et d'une disposition éthique, permettant de savoir jusqu'où aller, sans aller trop loin, sans « dépasser les bornes », trouvera par la suite de nombreuses déclinaisons. On peut citer, toujours dans le champ hexagonal de l'humanitaire, la controverse entourant la campagne de levée de fonds d'ACF. Cette campagne, « Leïla 100 F plus tard », réalisée en 1994, montre une jeune somalienne « avant » (visage émacié) et « après » (joues rebondies) l'intervention de l'ONG. Succès financier pour l'ONG, cette campagne suscita un véritable malaise au sein du milieu humanitaire et de vives réactions dans différents médias, notamment par l'assimilation aux recettes de marchands de lessives.

La polarisation du débat entre détracteurs et défenseurs de la campagne est redoublée par les enjeux de positionnement propres au champ humanitaire, liés aux systèmes d'alliance, de distinction et d'entraînement entre des organisations à la fois concurrentes sur le

---

Thèse de doctorat de sciences sociales, Université Paris I, 2008.
[12] Cf. Weber O., *French Doctors, L'épopée des hommes et des femmes qui ont inventé la médecine humanitaire*, Paris, Fixot, 1999, p. 237.

marché des ressources à capter, et solidaires vis-à-vis d'une perception générique de « l'humanitaire » par le grand public. Mettre en accusation le concurrent est risqué dans la mesure où pour le grand public, « les ONG humanitaires » sont souvent perçues comme un ensemble peu différencié[13]. La légitimation par distinction trouve donc rapidement ses limites, d'autant que le scandale de l'ARC, qui éclate la même année, renforce la menace d'un opprobre généralisé et d'un renforcement du contrôle étatique. Au-delà de ces jeux de placements entre organisations, il est donc important de regarder comment s'opère la légitimation *en pratiques* de la collecte, pour ses spécialistes.

Le « blanchiment symbolique » du « sale boulot » du fundraising

On l'a souligné en introduction, le travail de définition des tâches et de l'identité professionnelle des *fundraisers* est structuré par le rapport au stigmate du *dirty work*. Pour le dépasser, les praticiens de la collecte de fonds développent une double stratégie, à la fois de visibilisation et d'invisibilisation, qui transforme leur compétence technique en disposition éthique.

La visibilisation désigne une mise en scène particulière du positionnement des collecteurs, à trois niveaux, comme dépositaire d'une mission d'intérêt général. Premièrement, comme on l'a dit précédemment, la mission sociale des *fundraisers* les consacre comme médiateurs de la « société civile » au sein de l'espace public, amplifiant par effet d'agrégation les voix des particuliers, de manière autonome par rapport à l'État[14]. Mais dans le secteur humanitaire, ils s'imposent également, à un second niveau, comme médiateurs entre les citoyens d'ici et les victimes et causes lointaines, à la fois géographiquement et dans l'ordre des représentations. Les lettres envoyées aux sollicités sont autant d'ouvertures sur des drames oubliés, ou invisibilisés dans l'agenda médiatique. Les *fundraisers* revendiquent d'ailleurs la capacité à « toucher » les potentiels donateurs, à jeter des ponts entre « ici » et « là-bas » (comme avec le parrainage). Pour cela, le témoignage prime

---

[13] Ainsi, à l'occasion de la collecte qui suivit le Tsunami de janvier 2005, c'est la notoriété générale des ONG récipiendaires qui guida les dons, bien davantage que leur spécialisation thématique ou géographique. Autre indice : suite à l'annonce faite par MSF de suspendre sa collecte, les autres ONG émirent la crainte d'une baisse généralisée des dons. Malgré cette annonce, MSF continua d'ailleurs à recevoir d'importants dons pour cette mission dans les jours et semaines qui suivirent.

[14] On expose ici les contours de cette mission sociale telle qu'elle se donne à voir. On pourrait, à l'inverse, souligner le rôle de l'État dans la sollicitation des dons privés, par les dispositifs d'exemption fiscale afférents, de plus en plus étendus.

sur les formes plus impersonnelles d'exposition du problème. Cette capacité à tisser des passerelles entre le proche et le lointain s'exprime aussi dans les lettres de sollicitation ou le journal des donateurs, où sont schématisées des mises en équivalence : donner tant d'argent ici permet de construire tant de puits là-bas.

Enfin, la troisième dimension du rôle de médiateurs des *fundraisers* s'articule à leur capacité à faire le pont entre deux territoires éloignés, non pas géographiquement, mais socialement : entre le monde de l'entreprise privée et celui de l'association. On désigne par là l'importation de pratiques managériales dans les ONG par ces professionnels formés au marketing. Parfois passés par des agences de publicité ou des organisations du secteur marchand, ils ont souvent décidé, à la suite de trajectoires biographiques complexes, de transposer leur savoir-faire dans le secteur associatif pour « donner du sens » à ces compétences commerciales[15]. Leur profil double, à mi-chemin entre le secteur associatif et le secteur marchand, leur confère également une légitimité particulière pour nouer des partenariats entre ONG et entreprises privées[16]. Cette compétence est souvent mise en scène en accentuant la distance entre ces polarités sociales et professionnelles, sur le mode des « mondes antagonistes[17] » réconciliés par l'action de passeurs des *fundraisers*.

Dans le même temps, la légitimation du rôle des *fundraisers* procède d'un travail d'invisibilisation, *via* l'escamotage de la « cuisine interne » du marketing direct, mais plus fondamentalement du rôle du collecteur lui-même. Le premier élément désigne tous les processus d'euphémisation du rapport à l'argent, dans la manière dont il est sollicité et même nommé. Dès les années 1980, les professionnels adoptent la terminologie américaine de « *fundraisers* », qui semble garantir par son origine une aura de modernité et escamote la référence à l'argent du terme « collecteur de fonds »[18]. Par ailleurs, on peut souligner les intitulés des instances professionnelles du secteur : l'Association française des *Fundraisers* (qui regroupe les collecteurs à titre individuel) eut longtemps pour nom l'« Union pour la Générosité », tandis que le syndicat professionnel qui regroupe les

---

[15] On le verra au point suivant, c'est aujourd'hui le profil le plus fréquent, alors que vingt ans plus tôt, on trouvait souvent la trajectoire inverse, où l'engagement associatif précédait l'orientation vers le *fundraising*.
[16] Cette modalité de collecte de fonds conserve en France un poids minime par rapport à celle effectuée auprès des particuliers.
[17] On se permet de renvoyer le lecteur à l'introduction de notre thèse de doctorat : Lefèvre S., *Mobiliser les gens, mobiliser l'argent...*, *op. cit.*
[18] La terminologie aujourd'hui fréquente de « responsable du développement » pour désigner les collecteurs en agence et ONG jouit des mêmes avantages.

principales ONG faisant appel aux dons des particuliers se nomme « France Générosité ».

Étonnant paradoxe que celui d'une profession dont les instances de représentation effacent son rôle : en effet, la notion même de « générosité », mettant l'accent sur le caractère naturel du geste du donateur, semble minorer l'intense travail de sollicitation qui est l'essence du *fundraising*. De même, le ressort de la personnalisation de la relation épistolaire[19] nécessite d'effacer le caractère standardisé et stratégique du courrier, donnant l'illusion d'une lettre écrite (à la main) directement au donateur, qu'on appelle par son nom et son prénom. La puissance de la « multinationale de l'humanitaire » s'évapore et est remplacée par les signes de l'authenticité et de la simplicité. Si, comme le stipule un slogan du secteur, « les gens donnent à des gens pour aider d'autres gens », alors on mesure le positionnement particulier du *fundraiser*, par son invisible omniprésence dans les rouages de cette chaîne de solidarité. Cette invisibilisation du collecteur permet en outre d'escamoter symboliquement la partie du flux monétaire qu'il ponctionne nécessairement.

A contrario, on peut mentionner les risques d'une mise en exergue de cette ponction par l'exemple de la collecte de fonds de rue en Angleterre. Tandis qu'en 2001-2002, cette technique suscite l'adhésion de près d'un million de donateurs auprès des ONG britanniques, en 2003, une campagne de presse virulente dénonce l'intense sollicitation à laquelle sont soumis les passants londoniens[20], sondage à l'appui[21]. De plus, les journalistes accusent les « *chuggers*[22] » de passer sous silence le fait qu'ils ne sont pas bénévoles mais rémunérés, et non pas membres de l'ONG mais salariés d'une agence de marketing. Or, étant donné le montant des honoraires de ces agences, l'investissement n'est souvent couvert qu'au bout d'une année de collecte[23]. Des articles en concluent

---

[19] Nous avons montré ailleurs que le même phénomène caractérise la collecte de fonds de rue initialement développée en France par Greenpeace. Cf. Lefèvre S., « Vendre sa cause : à quel prix ? La mise en œuvre controversée du *streetfundraising* par Greenpeace France », in Gendron C. et *alii* (dir.), *Développement durable et responsabilité sociale. De la mobilisation à l'institutionnalisation*, Montréal, Presses internationales Polytechnique, 2010 (à paraître).
[20] « Forget the tin. They mean business now », *The Guardian*, 22 mars 2003 ; Shifrin T., « Face Value », *The Guardian*, 9 juillet 2003.
[21] 80% des sondés se seraient déclarés hostiles à la sollicitation des *streetfundraisers*. Cf. Baldwin T., Brook S., Peek L., « "Charity muggers" face tough new curbs », *The Times*, 26 novembre 2003.
[22] Terme péjoratif forgé par la contraction de *charity* et *muggers*.
[23] La situation semble comparable en France : « Sur l'année, nous investissons 400 000 euros sur ces collectes, avance Philippe Lévêque, directeur de Care France. C'est un investissement lourd, mais on le récupère au bout de 18 mois grâce à la venue de nouveaux donateurs. » Cf. Raymond I., « Les ONG sont dans la rue », *Revue Terra Economica*, 10 février 2005.

que la souscription *via* le *streetfundraising* paie pendant un an les agences, avant que les ONG ne profitent de cette manne.

En conséquence, mieux vaudrait donner directement aux ONG, sans passer par ce « détournement de fonds ». Cette représentation des « *chuggers* » renverse la perspective : ils ne font pas *gagner* mais *perdre* de l'argent aux ONG[24]. Les mauvais résultats qui suivirent pour la collecte de rue anglaise provoquèrent les faillites de plusieurs agences, à l'occasion desquelles des ONG qui avaient déjà contracté des engagements perdirent plusieurs centaines de milliers d'euros. Cet épisode suscita la promulgation de réglementations spécifiques par le gouvernement pour encadrer ce mode de collecte et par la mobilisation des professionnels du secteur du *fundraising* anglais, avec la création d'un organe de régulation interne[25].

On aborde ici un aspect déterminant du secteur du *fundraising* : les relations entre les ONG et les agences de marketing direct. En dressant un panorama rapide de l'évolution de ces relations, on se donne la chance de mieux comprendre comment s'opère la régulation déontologique de ce secteur.

La déontologie comme principe de distinction

La cartographie fluctuante du marché de la collecte

Durant les années 1970, on n'observe pas de véritables spécialistes de la collecte au sein des ONG : on organise davantage le suivi administratif de la réception des dons qu'on ne les sollicite de manière planifiée. Cependant, quelques grosses organisations qui commencent à faire des campagnes de publipostages d'envergure (comme la Croix-Rouge ou l'Unicef) recherchent l'aide de spécialistes du marketing. Elles s'adressent alors, le plus souvent, à l'initiative d'un dirigeant, à des professionnels œuvrant dans de grands groupes de publicité ou de vente par correspondance, qui, par proximité personnelle avec telle cause ou membre du conseil d'administration, acceptent de donner bénévolement quelques conseils sur la conception des messages. Progressivement, certains grands groupes de communication

---

[24] Hickman L., « Should I… give money to a chugger ? », *The Guardian*, 22 novembre, 2005 ; Baldwin T., Brook S., Peek L., « "Charity muggers"… », art. cit.
[25] Le PFRA (Public Fundraising Regulatory Association) regroupe 110 ONG et 19 agences. Il garantit le respect d'un guide de « bonnes pratiques », centralisant et régulant l'allocation des sites urbains de collecte, et développant une communication proactive auprès du grand public et des médias.

développent parallèlement à leurs contrats avec des entreprises privées quelques comptes auprès d'ONG mais cela reste une activité mineure, et entraînant une simple transposition de méthodes marketing d'un secteur à l'autre. N'étant pas institutionnalisé, le *fundraising* ne semble pas susciter alors de controverses éthiques.

À l'inverse, on observe dans les années 1980 la formalisation progressive d'un savoir-faire particulier et la création de postes dédiés à la collecte au sein des ONG, qui investissent massivement dans le marketing direct. Au côté des organisations médicales (ARC, Institut Curie, FRM), les ONG humanitaires sont en pointe dans ce domaine et leurs collecteurs structurent ce champ professionnel en écrivant les premiers manuels, en organisant les premiers colloques et en dirigeant les premiers organes de régulation du secteur. L'acmé de ce mouvement d'autonomisation est marquée par la création, à la fin des années 1980, de plusieurs agences indépendantes, fondées par les pionniers du *fundraising*, issus du sérail associatif.

Ces autodidactes, consacrés par leurs réussites dans leurs ONG respectives, mettent en avant leur expérience et modélisent leur savoir-faire ainsi que des règles déontologiques, symbolisées par la création du Comité de la charte. Il s'agit de prévenir les dérapages d'une activité lucrative encore très peu encadrée avant que l'État n'impose ses propres contraintes ; c'est ce qui adviendra d'ailleurs dans les années 1990. Pour l'heure, grâce à la mise en avant d'une compétence comme « expert généraliste » de la collecte des ONG, les « pionniers » se présentent dans les années 1980 à la fois comme de « véritables professionnels », à la disposition de n'importe quelle cause et institution (pour contrer la méfiance liée à leur affiliation passée à une ONG précise) et comme des spécialistes du secteur associatif (étant eux-mêmes « de la famille »). Ils captent rapidement l'essentiel du marché de la collecte des ONG, en pleine expansion.

Une part importante du travail de collecte est alors confiée en sous-traitance à cette poignée d'agences, du pilotage stratégique des campagnes aux opérations de fabrication des courriers, en passant par la gestion des bases de données constituées des fichiers d'adhérents et de « prospects ». Pour les ONG, le bénéfice est double : elles profitent de la compétence de ces opérateurs et externalisent le « sale boulot » de la collecte, dont la légitimité est toujours aussi délicate en interne. Ainsi, de la fin des années 1980 au début des années 2000, on assiste à la mainmise de ces agences sur la conduite de la collecte des ONG.

Mais depuis une dizaine d'années, ce rapport de force s'est transformé sous l'effet conjugué de plusieurs évolutions. En premier lieu, on peut signaler la professionnalisation croissante des départements de collecte au sein des ONG, qui recrutent des spécialistes formés dans ces agences-conseils, dans des entreprises du secteur privé ou récents diplômés d'école de commerce ou des cursus émergents de type « management du tiers secteur ». En second lieu, le succès des agences-conseil du *fundraising* associatif suscite un engouement à la fois de la part de nouvelles agences, qui viennent concurrencer celles en place, et de grands groupes de communication internationaux qui rachètent au début des années 2000 ces agences spécialisées et se dotent désormais de départements « *non-profit*[26] ». Dans cette nouvelle configuration, on assiste à la fois à la réintégration au sein des ONG de segments du travail de collecte et à la fin des « budgets globaux ». Cette expression désigne le fait de confier à une agence la conduite de la collecte de A à Z ; désormais, les ONG mettent en concurrence les agences entre elles pour tel ou tel segment du processus[27] et en assurent la coordination et le pilotage stratégique. On observe également la prise de position d'opérateurs *outsiders* qui proposent de nouveaux canaux de collecte et promeuvent des pratiques de « collecte éthique », vingt ans après la première vague d'institutionnalisation de référents déontologiques.

La multiplication des prescripteurs de déontologie

On l'a souligné précédemment, les débats sur la légitimité de telle ou telle modalité de collecte ont agité rapidement les ONG humanitaires, que ce soit par la concurrence entre MSF et MDM ou par les polémiques à propos de la campagne d'ACF. Néanmoins, on pourrait dire qu'un compromis s'est formé dans les années 1990 autour des pratiques promues par le Comité de la charte. Certes, MSF se désolidarise du projet, contestant la démarche d'autocontrôle et doutant de la rigueur de certaines organisations parties prenantes, mais elle ne remettra pas en cause cette organisation. Elle se tient en marge et se charge en interne de mettre en place des procédures d'évaluation ou de débats autour de la collecte. Pour sa part, MDM, comme ACF, est une membre active du Comité mais elle se distingue des autres par la mise en place d'un « comité de donateurs ». Ce consensus relatif

---

[26] Bien entendu, ce terme renvoie au type d'organisations démarchées, qui appartiennent au secteur non lucratif (ONG mais aussi musées, universités, etc.), et non aux modalités de rémunération de l'agence.
[27] On assiste à ce titre à la mise en place d'appels d'offre systématiques, pour chaque segment du processus. Les *insiders* regrettent le « bon temps » de partenariats durables et intégraux, tandis que les *outsiders* se réjouissent de la fin des « copinages ».

autour des pratiques légitimes de la collecte est renforcé par la structure de ce marché du travail particulier, où les spécialistes passent d'une agence à une ONG, d'une ONG à une fondation, etc. Ce fort *turn-over* contribue à l'uniformité des pratiques de collecte, de même que la longue mainmise de quelques agences auprès des ONG, qui prescrivent des types de campagne de sollicitation relativement semblables.

Dans la configuration actuelle, telle qu'on l'a dépeinte précédemment, ce consensus s'étiole. Tout d'abord, c'est le monopole relatif que détenaient les ONG sur leur propre régulation qui est remis en question. En effet, depuis le scandale de l'ARC, le législateur a renforcé ses modalités de contrôle financier et comptable, *via* la Cour des comptes et l'IGAS, et les journalistes scrutent les ONG à la recherche d'un potentiel nouveau scandale[28]. Ce sont également les dispositifs autour de l'éthique de la collecte qui ont proliféré, sous trois formes différentes.

La première est à l'initiative des ONG et renvoie à la transposition d'outils managériaux, avec le recours à des opérations de certification des comptes, mais également des pratiques de collecte, par des cabinets d'audit privés, sur le modèle des « mises au norme » ostentatoires des entreprises multinationales. La seconde regroupe un ensemble d'initiatives menées « au nom des donateurs », que ce soit des regroupements plus ou moins formels de particuliers (donateurs ou testateurs) dénonçant l'opacité de telle ou telle association, ou bien une organisation hybride comme IDEASolidarité, qui souhaite établir, à l'intention de grands donateurs ou d'entreprises partenaires, un *rating* des ONG[29]. Enfin, la troisième forme désigne les dispositifs mis en place par les professionnels de la collecte sous des formes savantes et/ou universitaires.

Comme l'institution précédente, dont l'acronyme signifie « Institut de Développement de l'Éthique et de l'Action pour la Solidarité », le CERPHI[30] (« Centre d'études et de recherche sur la philanthropie »), créé par des professionnels du secteur de la collecte, n'est pas une

---

[28] Sur ces deux points, on renvoie ici à la contribution de Yves Poirmeur dans cet ouvrage. Pour un retour sur les controverses médiatiques sur la collecte des ONG, suite au tsunami en Asie du sud-est, cf. Lefèvre S., *Mobiliser les gens...*, *op. cit.*, p. 197-205.
[29] Cette association, fondée en 2005, se propose d'être l'interface entre les donateurs et les ONG et a pour objectif d'« aider au développement de l'action philanthropique éthique et efficace » (www.ideasolidarite.org). Plus exactement, elle souhaite fournir à de potentiels grands donateurs des outils d'évaluations des ONG en évaluant la « gestion financière », la « gouvernance interne » et « l'efficacité des actions ».
[30] Il publie notamment chaque année « La générosité des Français », qui est à la fois une synthèse des dons des particuliers et une interpellation des acteurs de la collecte et des pouvoirs publics, par exemple sur les régimes d'exemption fiscale.

institution universitaire. Cependant, il peut en prendre les apparences par sa dénomination, par les types d'intervention qu'il propose (rapport, synthèse, sondage) et par les partenariats avec des universitaires qu'il sollicite. Avec ces organisations, nous sommes dans des cas particuliers de positions « hors jeu », d'où parlent pourtant des acteurs multipositionnés, professionnellement intéressés à la promotion de telle ou telle « bonne pratique », par leur position dans le champ des prestataires de service aux ONG. L'argumentation éthique, émise de ces « lieux neutres », concourt alors à la régulation de l'âpre concurrence économique à la fois entre ONG et entre agences sur le mode de la course aux armements symboliques.

C'est dans cette double configuration, à la fois de remise en question des relations ONG – agences (et notamment de la distance croissante entre ONG et agences « historiques ») et d'articulation entre concurrence économique et appuis déontologiques, que s'est imposée une nouvelle agence sur le créneau de la collecte de fonds de rue (*streetfundraising*).

L'éternel retour de l'éthique ?

La collecte de fonds de rue a été mise en place en France dans la seconde moitié des années 1990 par Greenpeace[31]. Aujourd'hui, une vingtaine d'ONG l'utilisent, à l'image des principales ONG humanitaires. Si MSF développe ce programme en interne[32], sans agence, les autres (MDM, ACF, CARE, Croix-Rouge, UNICEF…) le sous-traitent à un même opérateur[33]. Depuis quelques années, cette jeune agence s'est imposée par ses résultats et la maîtrise de compétences rares, mais également *via* un discours offensif sur les exigences d'une collecte « propre » et un positionnement « du côté des ONG ». La manière dont elle se met en scène et les pratiques qu'elle promeut permettent notamment de se prémunir contre les déconvenues évoquées dans le cas londonien.

---

[31] Lefèvre S., *Collecte de fonds, militantisme et marketing : le programme Direct Dialogue à Greenpeace France*, Mémoire de DEA de Science Politique, Université de Lille 2, 2003.
[32] Pour appuyer cette décision, MSF, comme Greenpeace et Amnesty International, met en avant le souci militant de rester « maître » de sa collecte. Mais des considérations financières sur les coûts de l'externalisation pèsent également.
[33] Ceci n'est pas propre aux ONG humanitaires, puisque sur l'ensemble des ONG utilisant le *streetfundraising*, 90% des programmes sont menés avec cette agence. Depuis sa création en 2004, celle-ci aurait recruté 500 000 donateurs. Elle salarie aujourd'hui 500 personnes (en équivalent temps plein).

En premier lieu, une collecte « propre[34] » est mise en avant : non-agressive et non-discriminatoire à l'égard des passants, communiquant grâce à un discours « authentique » sur l'ensemble des missions de l'ONG, sans cadrage manipulatoire[35], et enfin assumant le statut du recruteur non membre de l'association et rémunéré[36]. Cette modalité de sollicitation est présentée comme une manière de relayer la « culture associative » au travers de la collecte de rue. En refusant un ciblage des messages, deux éléments seraient favorisés : des « adhésions sincères et durables des donateurs » et « une communication libre et transparente entre les ONG et leurs donateurs sur le long terme ». Au niveau de la relation avec l'ONG, les promoteurs communiquent sur l'implication de celle-ci (dans la formation des recruteurs comme dans le suivi de la session), sur la relation directe entre client et exécutant (pas de sous-traitance), et sur un engagement quantitatif et qualitatif de l'agence en termes de résultats[37]. Enfin, l'agence souligne qu'elle contribue par une politique salariale appropriée à ne pas promouvoir la précarité que les ONG sont censées combattre. Une obligation de moyens serait attendue du recruteur, et non d'objectifs (rémunération fixe et non à la commission). Les recruteurs de rue seraient d'ailleurs sensibilisés à l'objet social des ONG défendues, par des formations spécifiques, mais plus largement par l'alignement de l'agence sur des critères éthiques par l'achat de fournitures bio-équitables (mobilier de bureau, t-shirt) et la sélection de partenaires économiques de type coopératif (banques, tickets restaurants).

L'originalité de la démarche est de ne pas se présenter comme désintéressée mais au contraire tout à fait stratégique. En effet, pour ses promoteurs, cette injonction éthique garantirait l'efficacité économique des campagnes. D'une part, il faut noter que l'intégration des agences dans de grands groupes et la multiplication des échelons de sous-traitance accroissent les tarifs pratiqués puisque chacun récupère une marge. Du fait de son indépendance et du non recours à des sous-traitants, les tarifs proposés par l'agence seraient donc, d'après ses co-gérants, plus attractifs que ceux de leurs concurrents. D'autre part,

---

[34] Dans ce paragraphe, les termes entre guillemets sont ceux des professionnels de cette agence. On restitue ici le discours de ses promoteurs pour saisir le positionnement de cet opérateur. Pour comprendre comment ces injonctions prennent forme (ou non) dans la rue, cf. Lefèvre S., *Mobiliser les gens...*, op. cit.
[35] Ce point renvoie à un risque particulier : celui de ne mettre en avant que les sujets consensuels et accrocheurs, au détriment d'enjeux plus complexes et clivants, ce qui risque à terme de dénaturer l'objet social de l'ONG.
[36] Il s'agit ici de prévenir le reproche de « se faire passer » pour des bénévoles appartenant à l'ONG.
[37] Cependant, en conformité avec les critères du Comité de la charte, l'agence refuse tout type de rémunération basé sur le fruit de la collecte.

second argument autour de l'efficacité économique, les co-gérants soutiennent que la mise en place d'une démarche « qualitative » de sollicitation, sans forçage et en donnant une image fidèle de l'objet social de l'ONG, atténue le taux d'attrition (c'est-à-dire la fréquence des départs de donateurs) d'un programme qui est le principal talon d'Achille du *streetfundraising*.

La stratégie d'*outsider* empruntée par cette agence[38] et la revendication d'une démarche « éthique », sur un mode distinctif, tend en miroir inversé aux acteurs institutionnalisés du secteur le reflet critique de ce qu'ils seraient devenus. Les principales agences se sont éloignées des ONG par leur intégration dans de grands groupes internationaux de communication. L'agence revendique son indépendance, communique sur sa distance à l'égard des grands groupes de communication et s'affiche comme « partenaire » des ONG, comme le firent ces agences vingt ans auparavant. On assiste ainsi à un bouclage étonnant du cercle des prescripteurs déontologiques, sur un mode à la fois distinctif et mimétique[39].

Pour conclure, il apparaît que le discours déontologique du *fundraising* humanitaire fonctionne bien comme un *lieu commun*, où la récurrence des « professions de foi » s'articule à des enjeux externes et internes. Au niveau externe, on a souligné la manière dont ce discours incarne une prise de position par rapport à un ensemble d'acteurs liés au champ humanitaire : l'État (dont il s'agit de se distancier ostensiblement pour garantir l'autonomie politique tout en obtenant sa contribution discrète *via* les aménagements fiscaux), les donateurs (avec la consolidation des dispositifs crédogènes) et les bailleurs (dont il faut satisfaire les instances de contrôle). Au niveau interne, nous avons mis en exergue le double mouvement qui structure le lieu commun du discours déontologique. D'une part, il permet une professionnalisation légitime du *fundraising via* un « blanchiment symbolique » d'un ensemble de tâches stigmatisées, liées à la manipulation de l'argent

---

[38] Notons qu'à l'image de MSF parmi les ONG, cette agence se tient à distance des instances du secteur, tout en n'hésitant pas à jouer à l'occasion du « pavé dans la mare ». Si ce positionnement isolé était davantage contraint à l'origine (peu d'accès aux réseaux privilégiés du secteur), il est aujourd'hui adossé à la puissance financière de cette agence, développant même une filiale en Amérique du Nord.

[39] Cette agence a également recours à la création d'une position de surplomb grâce à une plate-forme mi-savante, mi-universitaire. Ainsi, un comité d'éthique est mis sur pied, le CERRES. (« Comité d'éthique, de recherche et de responsabilité environnementale et sociale »), qui évalue le respect des pratiques de l'agence à ses principes proclamés ; un poste est occupé à plein temps, à ce titre, par un doctorant de l'EHESS réalisant dans ce cadre sa thèse de sociologie.

grâce à des techniques managériales, au sein d'un univers associatif et militant. D'autre part, ce lieu commun est le théâtre d'incessants mouvements de distinction, d'alignement et de compromis, sur ce qui « se fait » ou non, à la fois entre ONG humanitaires (notamment quand une modalité de collecte est traduite en controverse politique sur le rôle des ONG, comme dans le cas de « Leïla » ou suite au tsunami en Asie du sud-est), entre ONG et agences (entre lesquelles se négocient le partage des tâches, des responsabilités et des rétributions symboliques et monétaires) et enfin entre professionnels du *fundraising* (pour lesquels la création de positions « hors jeu », de la chaise d'arbitre à la chaire « universitaire », est une ressource importante pour faire fructifier les profits du désintéressement). Ces dynamiques externes et internes font donc de la déontologie un « lieu commun » au sein duquel les acteurs de la communication humanitaire font tour à tour « jeu commun » (étant tous dépendants de l'image collective du secteur) et « jeu à part » (pour s'y distinguer).

CHAPITRE VIII

ÉTHIQUE ET COMMUNICATION. QUELQUES LEÇONS À PARTIR D'UNE EXPÉRIENCE SINGULIÈRE

ANNE FOUCHARD

Le succès de l'humanitaire dépend de la confiance qu'il inspire au public en général et au donateur en particulier. Si l'on en croit les études des spécialistes du marketing sur les mécanismes du don, l'un et l'autre doivent se dire : « c'est une belle cause qui mérite d'être soutenue, cette association doit exister pour la défendre, son action est efficace, ses membres sont honnêtes et engagés. Cela vaut la peine de donner. » On comprend mieux, à partir de cette équation largement partagée, pourquoi l'ONG se donne une image vertueuse et accepte des méthodes ou des voisinages douteux. On dîne à la table du diable pour y piquer les restes. Les donateurs ne sont pas forcément dupes des manipulations possibles. Comment regagner alors leur confiance ? Comment communiquer efficacement dans le respect de « l'éthique » de l'ONG ? À partir de mon expérience de la communication à MSF, je voudrais montrer où sont les risques et rappeler les repères, forgés au quotidien, qui permettent de guider l'action.

Du journalisme à la communication humanitaire

Une image a façonné ma première représentation de Médecins sans frontières. C'est une photo de Juliette Fournot, franchissant à cheval la frontière afghane. À elle seule, elle incarnait une forme nouvelle de désobéissance civile. Quelques années plus tard, en 1990, je poussais la porte de Médecins sans frontières pour devenir chargée de communication. Après des études de Lettres, j'avais commencé ma carrière, comme reporter. J'avais, par mon métier et mon réseau d'amis, déjà rencontré des volontaires de MSF. Sans ces hasards, je n'aurais pas pensé, par moi-même, travailler pour MSF ou une autre ONG, même si j'étais fascinée par le monde humanitaire.

Journaliste de formation, je ne voyais pas comment mes compétences pouvaient être utiles. Issue d'une famille assez gauchiste et très engagée, j'étais intéressée par les contextes des missions. C'est sur le terrain politique que je souhaitais d'abord être utile. Convaincue finalement d'avoir ma place, je quittais le journalisme avec une légère appréhension. Je lâchais une déontologie (souci de la vérité, honnêteté dans la présentation des faits, limites à la liberté d'expression pour le respect des personnes), pour un métier qui n'en avait pas. Mais je quittais aussi un métier où, à mes yeux, les principes étaient plus déclamés que réellement appliqués. Très rapidement, certaines rencontres finirent de me convaincre de la pertinence de mon choix. Antoine Crouan[1] et Rony Brauman, en dégommant un à un mes présupposés, joueront un rôle déterminant dans la manière d'appréhender mon métier.

J'ai exercé diverses fonctions à la communication-collecte et sur le terrain avec MSF jusqu'en 1996. Après six ans, j'ai repris des études à l'Institut d'Etudes Politiques de Paris où j'ai soutenu un mémoire en sociologie des médias.[2] J'ai ensuite été membre du Conseil d'administration. Dans le même temps, je travaillais comme chargée de communication sur les quartiers sensibles d'un organisme HLM privé, puis comme conceptrice éditoriale d'un site web santé grand public (Doctissimo). De 2000 à 2004, j'ai été co-directrice de la communication et de la collecte de fonds à MSF. De 2004 à fin 2007, j'étais directrice de la communication de l'Unicef France.

Regagner la confiance des donateurs

« Dans leur salle d'attente, deux milliards d'hommes », disait le premier (et presque unique) slogan publicitaire de MSF. Les journalistes et le public allaient être conquis par l'image du *French doctor*

---

[1] Directeur de la communication et du *fundraising*, médecin, ancien du terrain et des Opérations, atypique et génial communicant.
[2] Ce mémoire portait sur les relations entre médias, ONG et instances politiques pendant la guerre du Congo-Zaïre.

que rien n'arrête pour sauver des vies. Outre la force des représentations, la communication humanitaire avait un autre atout précieux : sa position unique entre le bénéficiaire et le donateur[3]. Pour toute entreprise vendant des biens ou des services, la communication peut aider à conquérir des clients. Si le produit ou le service est mauvais, le client dupé ne reviendra pas. Pour une ONG, le donateur est le client. Mais le bénéficiaire du service est une autre personne, un anonyme. Le donateur ne peut connaître l'impact de son don que par l'entremise… de l'ONG. C'est l'organisation qui informe le client (donateur) de la satisfaction des bénéficiaires. À partir de cette posture avantageuse, beaucoup de rédacteurs et de fabricants de mailings ont cédé à la tentation de raconter de belles histoires.

Cela dit, aujourd'hui, ébranlés par les scandales[4], les donateurs sont plus exigeants sur le rendu de comptes et l'utilisation de leur don ; ils n'achètent plus comptant une belle histoire. Le nombre de sollicitations suscitent un sentiment de lassitude dans un contexte de concurrence forte entre ONG. La surchauffe menace : « notre savoir-faire repose sur la création d'un attachement fort et durable entre un donateur et une cause. Seuls un bon dosage et un bon usage de ces techniques anciennes et nouvelles garantiront la pérennité de la collecte »[5]. L'« attachement fort et durable » auquel il est fait référence suppose la confiance. Or, la présence de plus en plus visible, pour le public et les donateurs, de professionnels de la communication dans les ONG s'accommode mal de cette nécessaire confiance.

Ainsi, les techniques d'écriture de mailing, de plus en plus pointues dans l'art de capter notre attention, de manipuler nos émotions, rendent les lecteurs plus circonspects, méfiants. Ces lecteurs, rompus aux images et aux publicités, ont appris à les décoder. On le voit par les chiffres de rentabilité, mais aussi dans les *focus groupes*[6] que les ONG mettent en place pour rendre les campagnes plus efficaces. « L'inflation des messages publicitaires dans les boîtes aux lettres et la concurrence effrénée que cela engendre sur le théâtre des opérations laissent parfois les donateurs sceptiques », écrit Jean-Pierre Gaume[7]. « Ils exigent de plus en plus des comptes précis et une relation plus directe avec les

---

[3] Sur ce thème, voir la contribution d'Antoine Vaccarro dans cet ouvrage.
[4] Sur les scandales qui ont secoué le monde humanitaire, voir dans cet ouvrage la contribution d'Yves Poirmeur.
[5] Claude Chaffiotte, PDG de RMC Connect, *Stratégies*, février 2007.
[6] Il s'agit de petits groupes de donateurs (ou non) auprès de qui sont testés les campagnes et les messages.
[7] Premier conservateur et co-créateur du Musée international de la Croix-Rouge et du Croissant-Rouge à Genève : « les impératifs contradictoires de la communication humanitaire », http://www.publiciterre.org.

victimes. » C'est pourquoi, toujours selon lui, les opérations de parrainages individuels d'enfants se multiplient. C'est aussi pourquoi les ONG « indiquent le prix de telle ou telle action » et cherchent à masquer la présence des professionnels de la recherche de fonds dans les messages.

Des pratiques contestées au sein des ONG

Les responsables de la communication et de la collecte sont en première ligne des critiques. Celles-ci viennent des donateurs, on vient de le voir, mais aussi, de manière frontale, de leurs propres troupes. Ces critiques sont l'objet de débats récurrents au sein de MSF comme dans d'autres ONG. Récemment, une tribune du journal interne évoquait « l'argent et l'odeur » pour débattre des méthodes de collecte de fonds. Rien de très nouveau. Les questions éthiques autour de la communication et de la collecte se sont toujours posées à ma connaissance à MSF. Les humanitaires ont peur de perdre leur âme en appliquant des méthodes qui rappellent la publicité et le marketing politique. Il est de bon ton alors de mobiliser l'histoire des orphelins fabriquée par l'Arche de Zoé ou les ruses rhétoriques qui jouent avec nos émotions.

Quelle éthique faut-il appliquer pour être en phase avec les objectifs de communication d'une ONG humanitaire ? Comment s'accommoder de l'influence publicitaire qui sollicite les émotions ? Comment construire l'adhésion à la cause et à sa gouvernance sans céder aux canons rhétoriques de la communication politique ? Pour éviter les dérives, il faudrait, selon le bon sens des humanitaires, fixer des limites, établir une déontologie qui garantisse que la communication ne pollue pas la pureté du mandat moral. Il faudrait une modération vertueuse des méthodes et des messages. Dans un entretien pour le site de Communications sans frontières, François Rubio[8], de Médecins du monde, évoque explicitement la nécessité d'un « code éthique humanitaire ou médiatique international ». Un certain nombre d'organisations possèdent d'ailleurs déjà une charte de la communication.

---

[8] Auteur de nombreux articles et ouvrages sur les ONG, directeur juridique de Médecins du monde. « Dans chaque législation, il existe un droit à l'image. Il suffit de l'appliquer et je ne vois pas ce qu'un droit international de l'image pourrait apporter en plus. Par contre, un code éthique humanitaire ou médiatique international pourrait amener les acteurs à réfléchir. » http://www.communicationsansfrontieres.net.

Communication, indépendance et argent : définir un cadre

Les bonnes pratiques commencent par un usage raisonnable des fonds et des moyens affectés aux collectes et à la communication. Les études menées auprès des donateurs confirment que ces questions sont leur préoccupation première[9]. En clair, une association doit dédier le maximum de l'argent reçu à mettre en œuvre son mandat (la mission sociale). C'est pourquoi, quand elle enquête sur une ONG, la Cour des comptes s'intéresse, entre autres, au pourcentage réellement affecté à cette mission sociale. De même, la culture de résultats, et la prise en compte des exigences des donateurs, entraîne l'envoi systématique de comptes emploi-ressources, très joliment présentés et illustrés, même s'ils signifient, parfois, plus un changement de façade que de pratiques[10].

L'ONG peut elle-même s'imposer des règles dans ce domaine. MSF a réfléchi à une approche et une gestion « éthique » de ses ressources institutionnelles ou privées, en refusant d'être « *donors'driven* », c'est-à-dire guidé par ses dons et ses donateurs. Alors que la plupart des ONG cherchent à accroître les dons, MSF se laisse la possibilité, en fonction de la situation, de freiner la récolte de fonds. C'est le sens de la décision d'arrêter la collecte après le tsunami. À contre-courant, là encore, MSF a décidé de ne pas adhérer à un Comité de la charte, au motif que les *satisfecit* auto-décernés ne protègent pas des malversations financières. MSF a choisi de pousser plus loin les normes de communication financière à l'égard des donateurs.

Lors du scandale provoqué par Sylvie Brunel dans *Libération* en 2001, MSF a publié les dix plus hauts salaires de l'association. Plus récemment, l'ONG a décidé d'extraire certains coûts de collecte habituellement chapitrés dans les frais de mission sociale[11]. Être transparent, enfin, exige de limiter au maximum les frais de communication et tout euro investi doit rapporter. MSF s'interdit donc de faire des campagnes d'image, car elles ne sont pas efficaces[12]. Ce principe qui fait converger efficacité et éthique n'est pas propre à MSF. C'est un principe de plus en plus consensuel dans le monde humanitaire.

---

[9] Voir, par exemple, l'étude réalisée par Unicef international dans 9 pays, dont la France, sur les attentes des donateurs.
[10] On considère, par exemple, que les pages dédiées à la présentation des contextes d'intervention dans les journaux adressés aux donateurs sont une information qui relève de la mission sociale de l'ONG et qu'elles peuvent, à ce titre, être sorties des coûts de la collecte.
[11] La « mission sociale » est la ligne budgétaire dédiée aux actions de terrain. Or, certaines actions de sensibilisation et d'information peuvent être considérées comme une partie des actions de terrain…
[12] Trop parcimonieuses (peu de passages car les espaces sont chers), éventuellement coûteuses à réaliser, elles sont aussi mal perçues, saucissonnées entre Nutella et la MAE.

Éthique et efficacité ne sont pas antinomiques. L'exemple du don par prélèvement automatique en est une autre preuve. MSF a été la première ONG à utiliser cet outil en 1991 avec l'Opération *Un franc par jour*. Alors que les spécialistes de la collecte jugeaient que les donateurs n'étaient pas prêts à faire confiance au prélèvement automatique, le directeur de la communication a dû batailler pour convaincre son responsable marketing de ce qui lui semblait logique : le don moyen était certes inférieur à un franc par jour mais, déjà à l'époque, que représentait un franc ? En soulignant la modestie du geste, MSF garantissait une partie de ses recettes, réduisait ses frais de collecte et préservait son indépendance. Il est amusant de constater que les techniques les plus révolutionnaires et payantes n'ont pas germé dans l'esprit des spécialistes du marketing, mais chez des néophytes malins.

MSF refuse également de prendre en charge les frais de mission des journalistes en échange de la publicité qu'ils pourraient faire à l'action de l'ONG. De tels voyages sont des sortes de *show room*, où l'on ne voit que ce que l'ONG veut bien montrer. Cette règle souffre cependant des exceptions quand il faut attirer les journalistes là où ils ne vont pas. MSF s'est toujours accordée une certaine libéralité avec cette norme, implicite, lorsque la situation, au regard du traitement médiatique (ou de son absence de traitement), l'exige.

Les ONG essaient de donner un cadre éthique aux partenariats avec les entreprises, en excluant celles dont l'activité est en contradiction avec le mandat. La pratique des listes noires n'est pas spécifique à MSF. Les agences des Nations unies y ont notamment recours, le plus célèbre exemple étant l'Unicef qui refuse toute convention avec Nestlé, depuis que la marque a concurrencé la politique de promotion de l'allaitement maternel en faisant celle du lait maternisé. Le problème, bien sûr, est que les organisations humanitaires doivent, dans ces listes, exclure toute entreprise dont l'activité est en contradiction avec le mandat de l'organisation. Armement, tabac, alcool paraissent évidents, mais la suite se complique.

Les fabricants de portable utilisent des composants qui alimentent la guerre en RDC... Où mettre la limite ? À partir d'un certains pourcentage de l'activité ? Autre critère des listes noires, les méthodes de l'entreprise : travail des enfants, exploitation de la main-d'œuvre, nuisances à la santé de l'environnement... À quelques scandales près (Nike et ses chaussures en Chine), encore une fois, où mettre la barre ? Dans le même esprit, il convient de limiter les fonds des entreprises privées pour conserver son indépendance. Qu'ils négocient leur visibilité et la présence de leur logos sur les malles est de bonne guerre, qu'ils imposent un contrôle sur le discours de l'association ne l'est pas. Il faut aussi résister aux entreprises privées quand elles réclament, pour quelques dizaines de milliers d'euros, des programmes sur mesure, là où elles le souhaitent.

Ce souci d'indépendance à l'égard des entreprises privées semble évident, et pourtant, dans un environnement concurrentiel (entre ONG, mais aussi entre l'humanitaire, la culture et le sport...), les entreprises parviennent à convaincre des organisations de monter des programmes répondant à leurs besoins spécifiques en communication (interne, publique, commerciale). Une grande entreprise de distribution a obtenu de financer un programme spécifique dans un village de pêcheurs des bords du Lac Victoria après le scandale suscité par « Le cauchemar de Darwin ». Des entreprises cherchent ainsi à acheter sur catalogue une image et une caution à bon compte. Cela ne doit pas faire perdre de vue, cependant, que le seul intérêt de leur financement est de pouvoir mener à bien les opérations humanitaires souhaitées.

La participation aux émissions de divertissements fait également l'objet de discussion. Les rares présences de MSF aux grands spectacles ont toujours suscité de vifs débats depuis qu'une cinquantaine de volontaires en T-shirt logotypé, une bougie à la main, s'étaient ridiculisés dans une émission de variétés... Et puis instiller la misère du monde pendant deux minutes au milieu des rires et des paillettes semble indécent. Le principe a cependant ses exceptions et les expériences rétrospectivement honteuses existent toujours. Je me souviens, par exemple, de ce bal des princesses filmé par la télévision dont nous avions accepté d'être les bénéficiaires. Le reportage pour une émission à grande audience fut indéfiniment rediffusé, à toutes heures du jour et de la nuit, pour nous rappeler que notre présence avait un *je-ne-sais-quoi* de déplacé au milieu des bains au lait d'ânesse et des robes en soie sauvage...

Certains principes éthiques d'indépendance et de contrôle des fonds sont loin d'être spécifiques à MSF. Beaucoup de volontaires d'autres ONG ont les mêmes réserves sur la communication et cherchent à définir le cadre des bonnes pratiques dans le respect du droit, mais aussi des attentes légitimes des donateurs.

Eviter les dérapages

Pour les communicants, au quotidien, ce sont les messages qui posent le plus problème. Et dans ce domaine, les risques de dérapage sont grands. D'ailleurs, pour MSF, le risque réside davantage dans la perversion du message (le fond politique et l'identité de l'ONG), que dans l'agressivité du vecteur (l'outil et les canaux choisis). L'image, la photo font souvent débat. L'exhibition, voire l'esthétisation de la souffrance, visant à susciter un choc émotionnel, manquent de respect à la personne photographiée, comme à celle qui reçoit l'image. L'émotion bascule vite de la compassion à la pitié en jouant sur la culpabilité. Il n'y a pas, évidemment, de guide permettant de décider quelles images, quels mots, sont hors limites.

On juge la plupart du temps sur des critères moraux très personnels, comme l'appréciation de la dignité de ce qui est montré : une personne agonisante, déformée par une maladie, un enfant seul, sa mère hors champ (c'est indigne pour la mère qui, la première, essaie de le sauver). Cette obsession de l'image vraie et digne me rappelle une anecdote qui illustre combien ce choix éthique est difficile à expliquer. C'était en 2002, pendant la crise nutritionnelle en Angola. MSF avait communiqué sans relâche sur ce sujet. Un groupe de rock français offrait les ventes d'un single à MSF au profit de l'Angola. La graphiste attitrée du groupe, à l'éthique artistique implacable, avait dessiné pour le recto de la jaquette un enfant minuscule, accroupi, un squelette en noir et blanc, sans un mot. Sur le verso figurait une table splendidement dressée, débordant de victuailles sur une nappe dorée... J'ai échangé des heures au téléphone, des pages de mails, des insultes presque, avec la manageuse. Cette culpabilisation des consommateurs, qui n'avait rien à voir avec le problème en Angola, nous paraissait déplacé et les 50 000 francs espérés ne valaient pas de sacrifier une approche rationnelle de la crise.

Un des problèmes parfaitement identifié par les spécialistes de la communication concerne justement le choix des victimes montrées. Il existe une échelle de popularité de ces victimes : les « pures » (celles de catastrophes, qui n'y peuvent vraiment rien si le ciel leur tombe dessus), les « innocentes » (l'enfant au milieu d'un groupe de sauvages irresponsables), celles qui ont quelque chose à se reprocher (l'Afghan, le Palestinien ou le malade du sida), et les « désespérantes » (les civils de RDC, les Tchétchènes, dans les guerres auxquelles « on ne comprend rien »). À mon sens, comme ils l'ont fait pour le prélèvement automatique, les experts des mailings qui proposent ce genre de tri oublient l'intelligence de leurs lecteurs et les évolutions des mentalités.

À MSF, et sans que cela pose problème, les sujets des communiqués et des mailings ne sont pas choisis en fonction de la popularité de la « victime » (l'enfant affamé *versus* le jeune Palestinien), mais de l'importance des besoins en fonds privés ou des informations à donner.

MSF a consacré des Unes de journal au sida, à la Tchétchénie, l'Afghanistan, la Palestine, autant de thèmes qui, selon les règles du métier, suscitent plus le doute que le don. Les principes marketings sont parfois en retard sur l'évolution des représentations dans la société. Le succès de la campagne menée par l'Unicef en faveur des enfants victimes du sida en est la preuve. Peut-être suffisait-il, pour se lancer, de ne plus penser que sida signifiait sexe et choses honteuses rimant mal avec enfants, et montrer la réalité, c'est-à-dire des enfants sans soins et des orphelins à la pelle.

La vérité racontée dans sa complexité émeut moins que les images symboliques. Pourtant la simplification outrancière, le choix, là aussi, de l'émotion contre la réflexion posent problème. En général, les « pros » de la communication ou du marketing humanitaire objectent à ce souci de vérité des impératifs pratiques : la place réduite (2 000 signes maximum) du texte dans le mailing qui oblige à simplifier. Cette simplification, et le besoin de créer un sentiment d'urgence, donne ainsi, dans un mailing récent : « ces enfants vont mourir de la rougeole sans votre aide », alors qu'il s'agit de financer une campagne de vaccination préventive à une épidémie pour des enfants déplacés[13].

Ces amplifications conduisent à fabriquer des crises, parfois. Le tsunami a été un édifiant exemple de ces exagérations prophétiques : des épidémies qui ne se sont jamais produites, des trafics d'enfants qui n'ont pas eu lieu. Travaillant à l'Unicef France à ce moment là, j'ai eu des difficultés à rectifier les erreurs de ma propre organisation. Un communiqué était sorti en Malaisie évoquant des enfants victimes de trafics. Or, l'information s'est avérée être une rumeur si juteuse et si conforme à la représentation de ce drame (les enfants livrés à eux-mêmes après la vague), qu'elle a été reprise immédiatement dans le monde entier.

Refuser la facilité, coller au réel

MSF est une organisation exigeante dans l'action comme dans le discours. Les messages sont régulièrement débattus et encadrés par le Président, le CA et la direction des Opérations, souvent passionnément, pour maîtriser de possibles dérives. Le bon message est généralement celui qui donne la primauté au terrain. Cela signifie que

---

[13] D'une façon générale, le mailing démarre sur la structure suivante : « Sur titre : Chaque minute, 14 enfants meurent de malnutrition dans le monde. Titre : Urgence malnutrition. Sous-titre : Agissez aujourd'hui. »

les porte-parole de MSF ne sont pas les chargés de communication mais les humanitaires, du terrain au Président. Ce sont eux qui interviennent dans les médias car, même s'ils sont de plus en plus souvent préparés à répondre à une interview, leurs prestations sont plus spontanées (c'est le cœur qui parle) et plus légitimes (ils y étaient).

Pareillement, pour les documents de collecte que j'ai écrits, les « rappels à l'ordre » de mes collègues, toujours déterminés à ajouter une nuance dans la phrase, m'ont obligée à coller au plus près du réel sans céder à la tentation de la simplification. Ils pensaient souvent, contrairement à une idée bien établie, que plus le message se communique clairement, moins il informe. En 2003, après des massacres à Bunya, en RDC, il nous était, par exemple, interdit de qualifier les personnes touchées par leur appartenance ethnique, *Hema* ou *Lendu*, ce qui obligeait à des digressions très complexes sur la guerre en cours.

Cette exigence est une richesse, pour peu que l'on sache soi-même se mettre à l'abri de ses propres préjugés, ce qui est impossible sans contact et connaissance directe du terrain. Je me souviens, fin 1991, avoir reçu le rapport d'un médecin qui décrivait l'état des hôpitaux qu'il visitait en Somalie. Cette lettre expliquait tout ce qu'il y avait à dire alors pour justifier l'intervention de MSF dans ce pays. Nous avons repris avec quelques retouches son rapport, et ce mailing, en pleine guerre du Golfe, fut un record historique de retour avec 18 millions de francs.

Le pendant de cette première règle, pour se préserver des distorsions de la réalité, est de ne pas sous-traiter les messages à des agences extérieures. La réticence à confier « sa cause » à des prestataires a pris racine dans les années 80, après qu'une agence qui travaillait pour MSF a exploité dans un mailing l'horrible mort d'une fillette dans une coulée de boue en direct à la télévision. Ce mailing avait suscité une vraie indignation chez les volontaires, adhérents et salariés. MSF a alors fait le choix d'écrire ses mailings en interne. C'était l'un des objectifs majeurs de mon poste. Par la suite, MSF a fait appel à des volontaires de retour du terrain pour lancer des opérations de marketing téléphonique, comme elle a lancé les expositions de rue et l'exposition *face to face* en puisant dans ses propres ressources humaines.

Tenir cet objectif suppose une organisation spécifique de la communication et un investissement de tous. Lier, dans un même département, communication interne, relations médias et collecte de fonds est une réponse fonctionnelle au souci de ne pas déraper. Porté par les mêmes personnes, le message est le même, quel que soit le destinataire. La forme change, bien sûr, en fonction du degré d'expertise du lecteur sur le sujet, de la place réduite dans les mailings. Cette logique d'organisation reposant sur la fusion communication/collecte, unique à ma connaissance, ne garantit pas définitivement toutefois contre le simplisme des messages.

On peut même craindre que les enjeux de collecte deviennent dominants sur les enjeux d'information ou de témoignage. Car ces principes, issus de l'expérience, sont ce que les acteurs en font. Et s'ils ont eu pour moi du sens, c'est que j'étais en relation constante avec le département de réflexion géopolitique, le Centre de recherche épidémiologique et les opérations qui imposent que l'exigence de leurs analyses se retrouve dans le traitement des informations. C'est pour cette raison que le Président et les responsables de programmes valident tous les documents, surtout ceux qui concernent la collecte, lors des comités de rédaction.

Les vertus limitées de la communication

Les communicants sont parfois dans une position ambiguë. Il est de bon ton de dénigrer la communication, les journalistes (posture très à la mode dans les ONG) [14] et les outils marketings. Les communicants sont donc obligés de montrer comment on peut être efficace tout en restant « éthique ». Plutôt que de snober les journalistes, mieux vaut connaître le fonctionnement des médias et expliquer l'intérêt de la médiatisation. Le journal télévisé de 20 heures est la seule chance pour une ONG de s'adresser à 10 millions de personnes en même temps (vu le prix de l'espace publicitaire à cette heure), même s'il faut sacrifier à des ressorts discutables. Ce sont des moteurs dont nous avons besoin pour sensibiliser les donateurs à ce qui se passe très loin sur notre planète.

La tentation est donc forte de jouer le jeu. Pourquoi, pour soutenir une cause « oubliée », ne pas aller plus loin dans les logiques de communication en offrant un « digest », un « package » (dossier, témoignages, photos, vidéo, voyage sur le terrain – le summum étant d'être accompagné d'une célébrité – pour voir son sujet passer à la télévision) ? La réponse à la question est en fait assez simple : se laisser

---

[14] Dauvin P., « Le public humanitaire des journalistes. Discours sur les enjeux et les formes d'une relation. », in Dauvin P. et Legavre J.-B. (dir.), *Les publics des journalistes*, Paris, La dispute, 2008, p. 60.

aller à la tentation n'est pas un gage d'efficacité. Il ne faut pas sous-estimer « la morale » des partenaires. On n'assigne pas d'émotions aux donateurs, pas plus qu'on ne met les journalistes à la botte. Pour éviter de tomber dans le piège de la facilité et de se faire rejeter, il convient finalement d'être inventif, de croire, après l'avoir bien analysée, à sa cause, et au sens de la responsabilité des donateurs, des adhérents, des volontaires, qui ont souvent des idées et des plumes.

La tentation est forte, aussi, lorsque l'on est sollicité avec insistance, de vouloir être sur la photo. Un réflexe qui se traduit par une irrépressible envie d'avoir un avis sur la crise, sur les solutions à apporter, et de le donner. Dire quelque chose, un réflexe d'autant plus présent que des collègues, sur le terrain, se débattent dans des difficultés inouïes. Mais quoi ? Quand on n'a rien à dire, mieux vaut s'abstenir... Ce vieil adage me semble souvent sage, si l'on veut « au moins ne pas nuire » en contribuant à brouiller les causes des « crises humanitaires ». Appeler à l'intervention armée au Liberia en 2003 ou au Kenya en 2005 comme l'ont fait beaucoup d'ONG me semble être une manière d'être indigné sur la photo.

« Lorsque vous ignorez quelque chose », rappelait Urs Boegli[15], « vous pouvez toujours dire : "je ne sais pas". Rien ne justifie les improvisations. Vous pouvez peut-être dire "personne ne sait", car c'est souvent le cas. Les raccourcis ne valent rien de bon. » Soulignant le risque de la facilité, Urs Boegli donne l'exemple de la surenchère des chiffres, les « statistiques monumentales », « des chiffres choquants augmentent naturellement vos chances de passer au journal télévisé du soir [...] mais vous ignorez qui a fait les calculs ».

De façon plus générale, la systématisation des campagnes de communication (contre la pauvreté, contre les violences sexuelles, contre le paludisme...) est contre-productive, car elle contribue à desservir les causes. Cette course en avant illustre l'idée d'un humanitaire omniscient, qui serait une réponse à tout. Ces campagnes sont en fait souvent de purs produits de communication. En prenant la cause noble comme support, ces produits ont l'immense avantage d'entrer dans le format des médias : *teaser* préalable, événement – le plus visuel possible pour le choc du message. La campagne de sensibilisation sur les problèmes de l'eau dans le monde d'ACF, symbolisée par des tubes à essai plein d'eau sale, remplissait parfaitement ces objectifs émotionnels. Mais l'opportunisme d'occuper le terrain pour la journée mondiale de l'eau et le coût de l'opération étaient, à mon avis, deux limites à ne pas franchir.

---

[15] Chef de presse du CICR dans la *Revue internationale de la Croix-Rouge*, n°832, 1998.

La menace de la concurrence ambiante, le discours de la nécessité sur les donateurs, privés ou institutionnels, peuvent accroître le risque de glisser vers une communication moins à l'écoute de ces principes. Les gadgets dans les mailings rapportent, les chiffres le prouvent... De la même manière, quelle association, aujourd'hui, peut se passer d'une star comme porte-parole ? Adriana Karambeu a, sans aucun doute, « boosté » la notoriété de la Croix-Rouge et l'efficacité de sa collecte. Mais comme elle l'aurait fait pour n'importe quelle autre cause. MSF n'a pas, malgré de nombreuses offres, d'ambassadeur de bonne volonté[16].

L'ignorance de personnalités aussi charmantes que Georges Clooney sur le Darfour plaide en ce sens. Pourtant, ce refus ne doit pas être dogmatique. J'ai d'ailleurs travaillé pendant quatre ans à l'Unicef, avec des ambassadeurs de bonne volonté. Passages aux JT, émissions de reportages, couvertures de magazines et de quotidiens... L'Unicef doit beaucoup, pour sa campagne de sensibilisation sur les enfants soldats et sa campagne pour obtenir des traitements pédiatriques accessibles contre le sida, à l'intervention de ces personnalités sincères et curieuses. Il faut pour cela un contrat et un investissement clairs sur les rôles respectifs et les messages à faire passer. Emmanuelle Béart a rencontré et tendu le micro aux médecins, aux acteurs de terrain, et livré ce que l'absence de soins aux enfants lui inspirait.

À mon sens, c'est en ne cédant pas au catastrophisme sur l'avenir livré à une concurrence impitoyable, en étant plus confiant en la capacité des donateurs et du public à comprendre nos vraies difficultés, les vrais problèmes qui se posent à nous, que l'on peut éviter les vrais écueils. Le choix éthique est pragmatique. Car les choix que l'on fait en jouant avec la vérité ou en perdant de vue ses priorités humanitaires reviennent comme un boomerang.

Ne pas limiter la discussion sur l'éthique à la communication

La question éthique ne touche pas seulement l'invention de nouvelles garanties (codes de bonne conduite sur la sexualité, présentation validée des comptes par le Comité de la charte, droit à

---

[16] Ces « good will Ambassadors » ont été inventés par l'Unicef avec l'acteur Danny Kaye dans des années 1950. Audrey Hepburn en est l'une des plus charmantes illustrations. Depuis, des agences spécialisées ont été créées pour trouver des stars pour des ONG.

l'image des victimes). Ces dispositifs peuvent protéger l'institution[17] ou lui donner les apparences de la vertu. En octobre 2001, en Afghanistan, dans la région d'Hérat, j'ai vu une équipe de CNN interviewer la responsable de MSF dans un centre de nutrition et distribuer des papiers à signer d'une croix aux mères des crevettes au bord de la mort filmées en plan serré pour illustrer la « famine qui gagnait Hérat », mais que je n'ai jamais vue...

L'utilisation d'images choquantes, au nom de ces nouvelles règles, se raréfie au profit de représentations symboliques, qui sont tout aussi simplificatrices. Doit-on en conclure que la profession s'est autocensurée, ou que la communication s'adapte à la vague éthique ? Personnellement, j'y vois plutôt de nouvelles parades. Ce sont les représentations de la morale humanitaire habituellement véhiculée dans la communication des ONG qui doivent être remises en question. La morale de l'action et l'impératif d'agir sont présentés comme des remèdes contre le sentiment d'impuissance. Les axiomes comme : « Il faut faire quelque chose, c'est toujours mieux que rien », l'évidence du droit d'ingérence sont toutefois démentis dans les faits. L'efficacité du discours sur la « toute puissance de l'humanitaire » célébrée dans les médias ou la colère de celui qui a les pieds dans la boue, prêt aux douze travaux d'Hercule, qui culpabilise les paresseux de la charité sont discutables. Du Darfour, où rien ne se passe sur le plan de l'ingérence (et c'est tant mieux), à la Birmanie où les injonctions à l'ouverture des frontières se heurtent aux contingences de la *Realpolitik*, on voit que l'ingérence n'est ni une réalité, ni une si bonne idée. C'est le quotidien de notre travail de se produire dans des contextes brutaux, autoritaires ou de non-droit. Nous ne déterminons pas nos contextes d'actions. Admettre cela c'est admettre que, parfois, on ne peut rien, et que parfois on peut très peu et être prêt à le dire. C'est donc adopter un autre discours. Abandonner les fables pour partager la complexité du réel peut, à mon avis, être une attitude éthique payante. La contraction du temps, l'éclipse de la réflexion à laquelle nous sommes poussés n'aident, certes pas, cette complexité à s'exprimer. Mais, débarrassé de ses obligations de façade, l'humanitaire peut y retrouver un souffle de sincérité, une émotion plus vraie que nature...

---

[17] Même si la signature n'est pas une garantie absolue.

QUATRIÈME PARTIE

LES FRONTIÈRES DU DICIBLE

CHAPITRE IX

COMMUNICATION, TÉMOIGNAGE ET POLITIQUE. À PROPOS DE LA GUERRE DU BIAFRA ET DU CYCLONE DE BIRMANIE

RONY BRAUMAN

Les ONG, comme toute entreprise, doivent être visibles et audibles pour exister. Il leur faut recruter des volontaires, rassembler des moyens pour agir, donc se montrer, séduire, émouvoir, attirer. Cette mise en scène de soi est indispensable, sauf à disposer de ressources assurées de manière permanente, et sans obligation de justification de leur emploi. Si les opérations sur le terrain sont la raison d'être des ONG humanitaires, l'action organisée suppose une organisation, laquelle a ses intérêts en tant que telle, la communication devant servir ceux-ci.

Cependant, l'expression publique des ONG déborde largement la communication institutionnelle. « Dénoncer », « informer », « sensibiliser », « éduquer », les motifs de prise de parole des ONG sont divers, manifestant la variété des objectifs et parfois, tout autant, leur confusion. Les visées sont différentes, mais elles se mêlent, moins parce qu'elles sont en elles-mêmes intriquées que parce que les pratiques institutionnelles entretiennent cette confusion. Leurs animateurs sont en effet peu enclins à convenir explicitement que les intérêts de leur organisation ont une valeur propre et se persuadent volontiers, de ce fait, que ceux-ci coïncident avec l'intérêt général. Chacun étant conscient que l'exposition de ses propres bienfaits relève plus de l'orgueil que de la bonté et que nul n'aime être vu en situation d'assisté, la médiatisation à des fins d'autopublicité est mal considérée parmi les humanitaires, qui la relèguent volontiers au rang dédaigné d'activité « boutiquière ». Ils lui préfèrent les objectifs évoqués plus haut, y voyant la seule raison d'être légitime de la communication, s'obligeant ainsi souvent à délivrer un message, quand le récit de leur activité concrète, de leurs difficultés et de leurs objectifs pratiques, devrait être au centre de leur communication.

Les exemples abondent où des ONG se posent comme les « porte-parole des sans-voix », cherchant à se montrer non pour ce qu'elles font mais pour ce qu'elles donnent à voir. Elles estiment de la sorte ennoblir leur communication sous les auspices du « témoignage humanitaire », lequel consiste à exprimer son indignation, à lever le voile sur des crimes odieux et méconnus, à désigner l'« intolérable ». Les éléments constitutifs d'une « topique de la dénonciation », où la colère se fait accusation et la frustration appelle à l'action[1], sont de ce fait rassemblés, comme on le verra dans les deux situations – Biafra et Birmanie – évoquées dans ce chapitre, l'une et l'autre caractérisées par une instrumentalisation politique de la souffrance. J'envisagerai dans ce cadre la situation de crise née du cyclone Nargis de mai 2008 en Birmanie, dans laquelle les gouvernements français et britannique adoptèrent un discours humanitaire catastrophiste conforté par celui de l'ONG Oxfam et ratifié par défaut par les autres ONG intervenantes

Biafra : de l'indignation à la propagande

Auparavant, je rappellerai comment est né le « témoignage humanitaire » dans le contexte de la guerre du Biafra, notamment parce que cela fut et demeure jusqu'à un certain point la « signature MSF ». Jusqu'à un certain point seulement, car les débats sont vifs et récurrents au sein du mouvement MSF ; ils opposent de manière schématique ceux qui soulignent les affinités du « témoignage humanitaire » avec la propagande politique et ceux qui font de l'expression publique de l'indignation ressentie devant le malheur le ressort de toute mobilisation humanitaire et celui de leur propre engagement. Le lien originel du « témoignage humanitaire » avec MSF s'est distendu, mais sa pratique s'est largement répandue au-delà des ONG *sans-frontiéristes* françaises, ce qui justifie le fait de s'arrêter sur les

---

[1] Voir Boltanski L., *La Souffrance à distance. Morale humanitaire, médias et politique*, Paris, Métailié, 1993, p.91.

circonstances de son apparition. Le terme est apparu dans les années soixante-dix pour désigner l'acte inaugural de dénonciation d'un « génocide » lors du conflit qui fut la matrice de nouvelles formes d'action humanitaire[2], à savoir la guerre de sécession du Biafra (1967-1970). Les forces indépendantistes étaient proches de l'asphyxie sous l'avancée puis le blocus de l'armée nigériane, après quelques mois de combats. Alors que des négociations étaient proposées et que les soutiens politiques, notamment africains, étaient faibles, le leadership biafrais a choisi la poursuite des combats, justifiant son intransigeance par la stratégie d'extermination à son encontre dont il accusait le régime nigérian.

Une très importante opération d'assistance internationale fut progressivement mise en place par le CICR dans le réduit biafrais assiégé au cours de l'année 1968, avec l'aide des Croix-Rouge scandinave et française, et aux côtés de quelques organisations humanitaires britanniques, ainsi que de plusieurs ordres missionnaires chrétiens. Tel est le contexte politico-humanitaire dans lequel la thématique du génocide est devenue le mot d'ordre politique de la sécession biafraise. Ce fut fait avec le concours actif des services spéciaux français qui recrutèrent une agence de communication, Mark Press, basée à Genève, pour imposer cette interprétation du conflit et donner toute son ampleur à l'opération de guerre psychologique. Le dispositif, innovant pour l'époque, s'avéra efficace. La presse relaya largement le thème et les images d'enfants décharnés qui faisaient foi, des pétitions prestigieuses circulèrent et le mot Biafra devint rapidement synonyme d'extermination par la faim. Le souvenir du récent procès à Jérusalem du colonel SS, Eichmann, organisateur de la « Solution finale », était dans les mémoires et les parallèles avec la barbarie nazie ne manquaient pas.

Le Nigéria ne resta pas inactif et organisa sa contre-offensive avec des voyages de presse et d'élus, notamment britanniques et français, dénoncés comme autant de tromperies par les personnalités soutenant le camp biafrais. Dans une controverse portant des enjeux moraux si lourds, le renfort des humanitaires était précieux, car paré des garanties de l'observation de terrain et de désintéressement qui lui donnaient toute sa valeur de véridiction. Chaque civil blessé lors d'un bombardement, et surtout chaque enfant gravement malnutri, attestait la réalité d'un programme d'extermination à l'œuvre. La description, dans des tribunes

---

[2] Pour une relation détaillée de cet épisode, voir mon chapitre « Les liaisons dangereuses du témoignage humanitaire et de la propagande politique », in Le Pape M., Siméant J. et Vidal C. (dir.), *Crises extrêmes : face aux massacres, aux guerres civiles et aux génocides*, Paris, La Découverte, 2006.

de presse et des interviews, des atrocités constatées par les humanitaires (médecins, pilotes, missionnaires catholiques), devenait dès lors la chronique d'un génocide en cours.

On conçoit bien que, vue depuis le réduit biafrais assiégé et affamé, cette guerre contre-insurrectionnelle pouvait apparaître comme une entreprise de destruction totale d'un peuple, et la sincérité des déclarations n'est pas ici en cause. Il s'agit plutôt de constater, avec la facilité que donne le recul, que ce que l'on appelle le « témoignage humanitaire » fondateur ne fut pas seulement un cri du cœur, mais aussi un produit de propagande politique. Il n'y a pas eu de génocide au Biafra mais une guerre au cours de laquelle fut utilisé un enjeu classique de propagande, qui réactivait en le modernisant un thème plus ancien : représenter l'ennemi sous les traits du barbare, le rejeter dans le camp de la sauvagerie. Le discours humanitaire a partie liée avec cette histoire : à peine avaient-elles vu le jour, à la fin du XIXe siècle, que les sociétés nationales de Croix-Rouge œuvraient dans ce sens[3], identifiant leur existence à celle des « nations civilisées ». Le « témoignage humanitaire », tel qu'il est habituellement décrit, c'est-à-dire comme geste inaugural d'une nouvelle génération de l'aide humanitaire, est à restituer dans cette histoire de la propagande de guerre.

Cyclone Nargis, la canonnière humanitaire

On estime que le cyclone Nargis, qui s'abattit sur le delta de l'Irrawadi en mai 2008, provoqua la mort d'environ 140 000 personnes[4]. En dépit de l'ampleur de cette catastrophe, la junte militaire au pouvoir resta claquemurée dans sa capitale, installée trois ans auparavant dans le centre du pays, à Naypyidaw, et négligea de mobiliser des secours à la hauteur des besoins. Il fallut près de trois semaines pour que les ONG et les Nations unies puissent déployer de l'aide sur le terrain. Entre temps, la presse rendit largement compte de l'événement, soulignant l'inertie des autorités, voire leurs entraves à la distribution des aides, tandis que le risque de survenue d'épidémies meurtrières était mis en avant par certains gouvernements et ONG. Ce faisant, elle mêlait des faits objectifs

---

[3] Voir Becker A., *Oubliés de la grande guerre. Humanitaire et culture de guerre*, Paris, Noêsis, 1998, et Hutchinson J.-F., *Champions of Charity. War and the Rise of the Red Cross*, Oxford, Westview, 1996.

[4] Les chiffres de mortalité sont sujets à caution, dans un domaine où les bases d'évaluation sont fragiles et la surenchère fréquente. Mais dans cette région peuplée, les vents de plus de 200 km/h et la vague de près de quatre mètres qui a remonté le fleuve furent dévastateurs. L'ordre de grandeur du bilan (84 537 morts et 53 836 disparus selon le rapport de l'ASEAN et du gouvernement birman de juillet 2008) est vraisemblable.

– détresse de la population, apathie du pouvoir, obstacles bureaucratiques et policiers au déploiement de l'assistance extérieure – et des croyances largement répandues concernant le risque, en réalité inexistant, d'épidémies et de famine meurtrières. Il est à noter que, pour la première fois, l'OMS s'abstient d'alerter sur le risque épidémique, qui relève de la croyance, voire du mythe, et non de l'observation[5].

Comme c'est souvent le cas dans de telles situations, les discours catastrophistes étaient les plus repris, et donc les plus audibles, toute atténuation étant suspecte de complaisance envers un régime odieux ou de froideur vis-à-vis de victimes innocentes. C'est sur ce registre que choisirent de jouer les gouvernements français, britannique et américain, ainsi qu'une grande ONG comme Oxfam, en mettant en avant le danger imminent d'une seconde vague de mortalité.

Le 11 mai, Oxfam publiait une déclaration titrée : « 1,5 million de personnes sont en danger si l'aide n'atteint pas les victimes du cyclone ». Le communiqué de presse se poursuit ainsi : « [...] dans les jours et mois qui viennent, 1,5 million de vies sont menacées dans la zone du cyclone au Myanmar en raison du risque de maladie et d'une catastrophe de santé publique si de l'eau propre et de la sanitation ne sont pas fournies en urgence. [...] 100 000 personnes étant probablement déjà mortes, tous les facteurs d'une catastrophe sanitaire sont réunis, pouvant multiplier la mortalité par quinze dans la période à venir. [...] La résistance de la population s'affaiblit chaque jour en raison du manque d'eau et d'abris, de l'exposition aux éléments et de la consommation d'eau de surface très probablement contaminée par des déchets humains et animaux. [...] L'aide au Myanmar doit être augmentée massivement et d'urgence. Cela ne se passera que si le Myanmar lève ses restrictions de visa et autorise l'accès aux plus vulnérables de toutes les agences internationales[6]. »

À la même période, les ministres français et britannique des affaires étrangères publiaient une tribune dans les journaux *Le Monde* et *The Guardian* pour demander au Conseil de sécurité d'imposer l'aide par la force, au nom de la « Responsabilité de protéger[7] ». On y lisait notamment : « Le Conseil de sécurité peut décider d'intervenir pour forcer le passage de l'assistance humanitaire, comme il l'a fait dans un passé récent. Combien de corridors ont-ils été ouverts, au Kurdistan (les

---

[5] Voir De Ville de Goyet C., « Stop Propagating Disasters Myths. », *Lancet*, vol. 356, août 2000, et mon article « Catastrophes naturelles, mythes et réalités », http://www.msfcrash.org/crash/publications/#article101.
[6] http://www.oxfamblogs.org/eastasia/?p=156. Traduit par moi.
[7] Ce document, adopté par l'Assemblée générale des Nations unies en 2005, prévoit de passer outre la souveraineté d'un État, en cas de génocide, crimes contre l'humanité et crimes de guerre, et la possibilité d'envoyer des forces armées pour protéger la population menacée.

routes bleues), en Bosnie (les ponts aériens), en Somalie (les couloirs d'accès), au Rwanda (opération Turquoise), à Dubrovnik (transgression du blocus), en zone de conflit ? L'indignation devant les massacres était-elle supérieure à celle que provoquent les noyés ou les affamés de la campagne birmane ? »

D'autres voix, notamment celles de théoriciens néo-conservateurs qui se caractérisent par la conviction selon laquelle les droits de l'homme doivent être imposés par la force des puissances démocratiques, se firent entendre dans le même sens[8]. Précisons que les ONG et les analystes partisans des interventions armées prévues par ce texte onusien pour des situations de guerre et de massacres ne furent pas tous favorables à sa mise en oeuvre dans de telles circonstances et que, en tout état de cause, le sujet ne fut pas mis à l'ordre du jour du Conseil de sécurité. Précisons également que les prédictions catastrophistes d'Oxfam ne furent pas reprises à leur compte par d'autres ONG.

Reste que ce discours s'est imposé comme la position des humanitaires, les ONG qui ne s'y reconnaissaient pas ayant négligé de prendre publiquement position sur ce point. Toutes ont insisté, cependant, sur les besoins urgents correspondant à leur domaine d'intervention – eau et sanitation pour les unes, santé publique pour d'autres, nutrition ou logistique pour d'autres encore. Chaque ONG étant soucieuse de faire valoir ses propres programmes, toutes mirent en avant leurs répertoires opérationnels respectifs, ce qui est légitime. Aucune ne se préoccupa néanmoins du sens que prenaient leurs déclarations dans un tel contexte, alors même qu'en s'abstenant de prendre en considération ce « hors-champ » de leur communication, elles renforçaient la propagande interventionniste qui battait son plein au même moment. Chaque aperçu des difficultés que rencontraient les sinistrés birmans prenait alors valeur de confirmation de l'imminence d'une catastrophe plus grande encore. Les ONG contribuèrent ainsi à la justification d'une intervention de force dont la menace était brandie de façon certes rhétorique, mais dont elles pouvaient dès lors apparaître comme les avant-postes.

Il était pourtant possible d'éviter de prêter la main à cette propagande orchestrée par Londres et Paris. Il aurait fallu, pour cela, que les ONG concernées mettent leur expertise au service d'une description des conséquences prévisibles du cyclone et de celles qui ne se produisent jamais. Autrement dit, qu'elles prennent explicitement le

---

[8] Voir la tribune de Robert Kaplan, « Aid At the Point of A Gun », parue dans le *New York Times* du 14 mai 2008, où est discutée la possibilité d'une invasion de la Birmanie par une coalition internationale dirigée par les États-Unis.

contre-pied de la croyance largement répandue, bien que toujours démentie par les faits, en la menace d'une deuxième vague de mortalité provoquée par des épidémies et une famine consécutives à la catastrophe. En s'abstenant de décrire concrètement la situation et les risques provoqués par le cyclone, elles soutenaient, à leur insu, la description apocalyptique qu'en faisaient d'autres acteurs. Pour mieux expliquer au public les besoins auxquels elles s'efforcent de répondre et donner sens à leur action, mais aussi pour se situer plus clairement face aux autorités birmanes, il fallait que les ONG restituent la réalité des secours locaux de sources diverses et décrivent la façon dont elles complètent et étendent ceux-ci. Il fallait aussi se prononcer sur la « gesticulation » militaire franco-britannique, inepte pour les raisons dites plus haut et négative du fait du raidissement des autorités locales qu'elle allait inévitablement provoquer.

Les raisons d'une carence

Aucune d'entre elles ne s'étant résolue à une telle position, il faut tenter d'expliquer cette carence générale. Trois raisons principales, d'importance variable selon les organismes concernés, permettent d'en rendre compte. Première raison : nombre de leurs membres partagent les croyances évoquées plus haut, selon lesquelles ce type d'événement relève de l'urgence vitale. Il faut souhaiter que les expériences successives du tsunami d'Asie du Sud-Est (décembre 2004) et du cyclone de Birmanie conduiront les ONG à améliorer la formation de leurs équipes de secours et d'encadrement agissant dans l'urgence et, partant, à mieux définir ce que les unes et les autres entendent par urgence.

Deuxième raison : l'opinion commune étant ici relayée par les médias et confirmée par les plus hautes autorités politiques, aller en sens contraire impliquait l'entrée dans une controverse à front renversé : les responsables des ONG étaient en effet amenés à relativiser alors la gravité du désastre, quand tout les poussait à un discours de mobilisation de l'opinion reposant sur l'ampleur de la détresse des victimes. Position particulièrement difficile à tenir, dans le cas birman, en raison du soupçon surajouté de complaisance envers la junte militaire coupable de priver la population d'une aide dont elle avait un besoin urgent.

Les acteurs de l'aide ne sont généralement pas préparés à une telle situation, contraire à l'esprit consensuel qui caractérise, pour l'essentiel, la communication humanitaire soucieuse de présenter des situations claires, serait-ce au prix de simplifications parfois trompeuses. Ils le furent en l'occurrence d'autant moins que la polémique ne les aurait pas opposés seulement à des gouvernements, mais aussi à des journalistes, à des donateurs et à d'autres ONG, comme ce fut le cas au sujet des secours post-tsunami. La crainte de choquer leurs soutiens, ou simplement de n'être pas compris par eux et donc de les décourager, explique le peu de goût des ONG pour de tels débats contradictoires publics. Si l'on en juge par l'expérience de Médecins sans frontières, qui dépend entièrement des dons du grand public, ces craintes ne sont pas fondées, les controverses déclenchées par cette ONG n'ayant jamais été suivies d'une baisse des dons. Il est vrai que MSF a activement défendu ses positions pendant cette période, montrant, s'il était encore besoin de le faire, que les organisations humanitaires ne sont pas condamnées à communiquer sur un registre exclusivement compassionnel.

Troisième raison : l'univers mental des ONG humanitaires, qui est celui des sociétés européennes dont elles sont issues, est marqué par le sentiment diffus d'une certaine supériorité des gens de bien sur les gens de peu. J'en veux pour preuve l'assurance avec laquelle il nous arrive de faire irruption – sans y être nécessairement invités – dans le cercle privé de nos « bénéficiaires » pour les enjoindre de changer telle ou telle façon de nourrir et élever leurs enfants, par exemple ; ou encore l'ardeur répressive qui a saisi l'ensemble du mouvement humanitaire ces dernières années, lors de ses mobilisations en faveur de la Cour pénale internationale et des interventions au nom de la « Responsabilité de protéger ». Cet enthousiasme punitif est sans doute à comprendre dans le contexte d'un envahissement de la sphère publique par un discours juridico-moral, qui n'épargne naturellement pas les ONG. Reste que, étendu à l'espace international, il s'accorde sans peine avec l'idéal des Occidentaux, non encore éteint, d'être les instituteurs du monde, prompts à corriger les trublions.

La rhétorique de l'indignation et du refus de l'inacceptable, qui a fait la gloire d'un certain *sans-frontiérisme*, la tentation messianique qu'elle porte en elle et qui s'est illustrée du Biafra au Darfour comme sur bien d'autres scènes, se convertit sans accroc en discours martial. Toutes les ONG humanitaires n'ont pas fait leur la notion d'« ingérence », loin s'en faut, mais la plupart sont restées ambiguës, évitant de s'en démarquer explicitement sur le fond. À persister dans cette situation floue et à laisser passivement un discours dominant orienter le sens de leurs discours, elles ne peuvent que raidir leurs rapports avec les sociétés dans lesquelles elles interviennent.

CHAPITRE X

COMMUNICATION HUMANITAIRE, ENGAGEMENT ET « POLITIQUE »

PASCAL DAUVIN

« *Du discours humanitaire, il y en a de plus en plus parce qu'il y a de plus en plus de causes et parce qu'il faut trouver des financements. Mais le discours humanitaire, ce n'est pas seulement la recherche de fonds, c'est quand même la cause qu'il faut mettre en avant. La cause, c'est ce qu'il y a de noble et qui fait qu'il y a un engagement [...] Là, vous ne faites pas de la politique, on n'est pas dans les bisbilles. Vous défendez des droits et ça c'est essentiel. Le plus important, c'est de défendre les droits de ceux qui n'ont plus rien et qui souffrent et ça, ce n'est pas de la politique [...] Nous, ce que l'on montre ce sont des gens qui sont engagés et nous on est engagés avec eux et il faut qu'on sensibilise tout le monde. Là, ce n'est plus une question de droite ou de gauche quand vous parlez d'une cause... Enfin, il y a quand même peut-être des causes humanitaires qui sont plus de gauche! Mais bon! On ne s'adresse pas qu'à des gens de gauche. On parle pour des citoyens. On n'est pas en train de faire de l'idéologie. Il n'y a pas trente six milles façons de montrer les choses.* » (Entretien communicant en agence)

« *Ce n'est pas facile de dire ce que c'est l'engagement. C'est ce que tu fais. Quand tu bosses et que tu fais avancer tes programmes. Mais, c'est bien de temps en temps de le dire et de faire partager ce qui te fais avancer. C'est ça l'intérêt des campagnes de sensibilisation, à un moment tu dis : "Regardez ce qui se passe ailleurs, nous on essaie de faire bouger les choses, faites-les bouger avec nous." [...] La sensibilisation, cela permet de montrer ton engagement sans la contrainte de l'urgence, ce n'est pas que c'est plus militant mais un peu... je ne sais pas comment dire... C'est plus engagé que les campagnes pour ramener des fonds [...] Bien sûr que l'on a nos idées politiques, mais tu n'as pas à les montrer, ce n'est pas ton rôle. De toute façon, tu ne peux pas te permettre même si tu le voulais parce que les ONG sont neutres. Si tu veux continuer à bosser, tu ne peux pas raconter ce que tu veux sur tel ou tel gouvernement. Cela n'empêche pas de dénoncer les atteintes aux droits de l'homme, ça on le fait dans les campagnes. Et cela, est-ce que c'est politique ? Oui et non. [...]Ce sont quand même des valeurs politiques. »* (Entretien salarié au siège d'une ONG humanitaire)

« *C'est super frustrant dans les ONG cette histoire de neutralité parce que tu ne peux pas dire ce que tu veux. Et cela, on le comprend bien. Mais, de temps en temps, il faut pouvoir marquer le coup politiquement. Je ne suis pas le seul à être politiquement engagé. Ce n'est pas une maladie... Enfin dans les ONG médicales parfois on se demande. Il ne faut pas avoir peur de prendre des positions politiques qui te mouillent. Il y a des campagnes qui sont politiques et on peut s'en défendre, mais quand tu te mobilises pour changer en profondeur la vie de ceux que tu soignes, je me demande bien ce que c'est si ce n'est pas politique, même si tu ne peux pas dire que c'est de droite ou de gauche [...] Et si tu veux mener des combats politiques, on va dire, il faut savoir où tu vas et pas se laisser déborder par la com' qui fait de la com' ou alors tu retombes dans les travers gnangnans. Mais attention, la com' bien faite, c'est un levier indispensable pour faire une bonne campagne. »* (Entretien salarié au siège d'une ONG humanitaire).

C'est devenu un lieu commun de commenter le déclin de la politisation du militantisme. Dans ce climat de fin des idéologies, l'humanitaire est souvent présenté comme le symbole de ces engagements, délestés du sens de l'Histoire, qui suivraient l'évolution des sociétés démocratiques. Il participerait à imposer un nouveau récit moral fondé sur les droits de l'homme, l'affaiblissement des passions politiques, l'autonomie et l'individualisme. Pour les commentateurs, l'humanitaire se reconnaîtrait d'autant mieux dans cette trame morale que celle-ci fait écho à l'image du médecin qui soigne des corps souffrants, indépendamment des appartenances politiques, ethniques ou religieuses des victimes. La communication – dans toutes ses dimensions – serait le vecteur privilégié de diffusion de cette vision du monde[1], et la communication humanitaire, plus spécifiquement, un lieu typique de promotion des discours désidéologisés. Ce n'est pas la pertinence de ces hypothèses que l'on voudrait discuter, même si pour les acteurs qui construisent les messages humanitaires, tout n'est pas si simple ; la dépolitisation de l'engagement et de l'image qui en est donnée n'est pas aussi « naturelle » que les analyses veulent bien le dire.

Les acteurs intéressés à la production du discours humanitaire peuvent avoir des conceptions différentes de l'engagement et de la dépolitisation de son image. Selon leur socialisation, la culture de leur ONG ou celle de leur univers professionnel, les acteurs revendiquent cette dépolitisation, s'en accommodent ou la rejettent et discutent la manière dont la communication la met en scène. La question n'est pas de savoir si les humanitaires ou les communicants sont ou non engagés (l'action se

---

[1] Sur ce thème, voir Neveu E., *Une société de communication ?*, Paris, Montchrétien, 1994.

suffit à elle seule pour apporter une réponse), mais de comprendre à quelles conditions la représentation de leur engagement est ou non codée dans les catégories politiques[2].

Les campagnes de sensibilisation sont un bon terrain pour examiner cette question. Elles constituent un repère qui situe engagement et politique dans l'espace public, l'un par rapport à l'autre. Elles révèlent, dans leur façon d'être conçues et reçues, des opérations qui dénient, masquent, refoulent ou rehaussent le politique. Elles offrent la possibilité de sortir du discours sur les crises et de mettre la cause au cœur du message. Le succès de ce type de campagne auprès des humanitaires est dû au moins à deux raisons. D'abord, il ne contrevient pas à l'impératif moral et pragmatique de neutralité des ONG. Ensuite, il assimile les contraintes posées par les ONG et les agences, sans empêcher chacun de trouver dans ces campagnes des justifications militantes. Elles sont une façon « convenable » de signifier, selon la formule d'un humanitaire, un engagement *« plus engagé »*, au sens où l'objectif est de parler des problèmes structurels et non pas seulement des victimes à soigner dans l'urgence. L'objectif ainsi défini est diversement interprété. Pour les uns – souvent dans les agences -, il ne relève pas de la catégorie « politique » ; pour d'autres – généralement dans les ONG –, sensibiliser à la cause est au contraire une opération politique, même si cette qualification est indicible.

Cet engagement *« plus engagé »* marque en creux l'emprise des logiques de communication pour interpeller l'opinion, qu'il s'agisse de la mobiliser en créant des événements médiatiques ou en sollicitant les droits de l'homme. L'emprise de ces logiques est cependant critiquée : elle produit, selon l'expression d'un autre humanitaire, un *« engagement au rabais »* trop *« dépolitisé »*, plus émotionnel que rationnel. *« La com' qui fait de la com' »* cherche à enrôler les prises de parole dans la problématique du don et, de ce fait, se focalise, elle aussi, de façon discutable sur la victime. Là encore, les socialisations militantes, les convictions partisanes peuvent attiser le rejet de ces campagnes. Et, dans le même temps, elles peuvent encourager des pratiques expérimentales ou alternatives visant à politiser l'action et sa représentation.

Toutefois, cette politisation ne va pas de soi, quelle que soit par ailleurs la doctrine des ONG sur la sensibilisation. En effet, ces campagnes que les acteurs qualifient de « politiques » sont également sous contraintes : elles ne peuvent heurter ni le positionnement de l'ONG, ni les impératifs de neutralité. L'audace des acteurs, possible en fonction des

---

[2] Sur cette question, voir Lagroye J . (dir.), *La politisation*, Paris, Belin, 2003. Voir aussi, Arnaud L. et Guionnet C., (dir.), *Les frontières du politique. Enquête sur les processus de politisation et de dépolitisation*, Rennes, PUR, 2005.

rapports de force et de la dynamique des interactions, est alors recadrée, *ex ante* ou *ex post*, dans les catégories légitimes de l'ONG et celles du monde humanitaire.

Les transgressions sont possibles selon des exigences variables d'une ONG à l'autre : la frontière avec l'ordre gouvernemental est plus ou moins clairement tracée, la labellisation droite/gauche de l'action engagée est plus ou moins neutralisée, la rhétorique est plus ou moins spectaculaire (les registres juridique et médical émeuvent ou font preuve), la prise de parole est plus ou moins en lien avec la raison sociale de l'institution. Mais au-delà de ces variations, le contre-pouvoir s'exerce toujours dans une arène sans danger pour le don et l'action. Au final, les pratiques politisées par les acteurs font l'objet, comme la sensibilisation, d'un travail de neutralisation. Ce travail leur apparaît acceptable – sans en faire une condition *sine qua non* – si le processus ne ressort pas au département chargé de la communication, comme si la domestication de la communication était une façon de « rattraper » ce qui est politiquement dilué et de durcir les répertoires d'action. Dit autrement, la critique sociale regagne des galons politiques en contrôlant la communication des communicants. C'est-à-dire quand les techniques sont utilisées pour peser *concrètement* dans un rapport de force et non pas seulement pour mobiliser *émotionnellement* l'opinion.

Notre propos, une fois encore, n'est pas de valider l'idée que les communicants seraient engagés « au rabais ». Il s'agit de rappeler que les offensives des communicants suscitent des réserves, lorsque celles-ci transforment l'action collective en événement médiatique. Cette conception critique ne disqualifie pas la communication. Toutefois, dans cette hypothèse, elle est entendue comme un ensemble de techniques (principalement la mise en réseau et la circulation d'informations) qui permettent, avec ou sans les communicants, de construire des prises de parole dans les espaces où le conflit est possible.

La neutralité comme figure imposée

L'histoire du *sans-frontiérisme* pourrait être considérée sous l'angle de la distanciation progressive des ONG et du politique. À ses débuts, l'épopée des *French doctors* est marquée par des prises de position politisées, comme si les pionniers rejouaient dans l'humanitaire une part du militantisme qui les avait façonnés dans les années soixante-dix. Aujourd'hui, les discours humanitaires, et plus spécifiquement ceux qui relèvent de la communication, revendiquent une neutralité qui découle moins d'un principe statutaire que de nécessités pratiques. Revendiquée dans l'espace public comme dans les lieux où s'apprend le métier, celle-ci est devenue une contrainte pour toutes les ONG. Il s'agit d'abord d'une contrainte à l'égard des membres de ces organisations. Les humanitaires – et il ne constituent pas une catégorie particulière de ce point de vue – dénoncent la corruption du champ politique[3]. Ils rejettent les règles immorales du jeu (la trahison, l'ambition) et l'incapacité des élus à maîtriser les enjeux. Dans le même temps, ils peuvent avoir des sensibilités qui couvrent l'ensemble de l'échiquier, de la droite à la gauche. L'institution doit donc bannir les signaux trop partisans pour éviter les défections et permettre à tous ses membres de continuer à agir ensemble.

La neutralité est ensuite une contrainte imposée de l'extérieur. La politisation des ONG serait en effet un danger pour le bon déroulement des opérations. Pouvoir soigner suppose d'être sans parti pris dans l'espace de régulation des conflits. Même si les humanitaires considèrent la neutralité comme un artifice rhétorique, celle-ci reste selon eux une ressource indispensable sur le terrain. Être publiquement neutre, c'est avoir, dans le sillage du CICR, accès aux victimes, agir en toute sécurité sans être affilié aux belligérants. Cette mise en équation de la neutralité et de l'efficacité opérationnelle structure logiquement les débats autour des prises de parole. Faut-il risquer l'instrumentalisation par l'une des parties engagées dans le conflit ? Peut-on faire d'une idéologie la matrice du témoignage humanitaire ?

Les expériences du Biafra et de l'Éthiopie ont été de ce point de vue « formatrices », dans tous les sens du terme. Le témoignage de Bernard Kouchner à propos de la guerre du Biafra a suscité des analyses critiques, en relayant, malgré elle, la propagande d'un camp[4]. La prise de parole de MSF sur l'Éthiopie, avant d'être lue comme une prise de parole humanitaire, a pu, elle, être interprétée comme la volonté de dénoncer le gouvernement communiste de Mengistu. Disséqués, discutés, commentés, ces témoignages ont redéfini les cadres d'action et de parole possibles dans la fidélité aux objectifs initiaux parfois antinomiques, de secours et de dénonciation. Toujours à reformuler, la question s'est posée à nouveau dans la période de recomposition des équilibres politiques qui suit la guerre froide. Cette fois, c'est à cause des gouvernements occidentaux que la neutralité a dû être réaffirmée.

---

[3] Sur ce point, voir Siméant J., « Un humanitaire "apolitique" ? Démarcations, socialisations au politique et espaces de la réalisation de soi », in Lagroye J., *op. cit.*, p. 185.
[4] Voir à ce propos le texte de Rony Brauman dans cet ouvrage.

Les ONG qui se vivent comme les représentants de la « société civile » refusent d'être enrôlées dans la définition humanitaire des conflits et de participer, arrimées aux objectifs des États démo-libéraux, à la transformation politique du monde[5]. Pour ne pas devenir les opérateurs de légitimation des guerres « justes » et se distinguer des gouvernements, elles surlignent publiquement, comme dans le cas du Kosovo, les frontières qui les séparent des belligérants, s'obligeant ainsi à régresser sur la situation concrète des victimes. Ces débats sur la manière de s'accommoder de la neutralité n'ont pas seulement des effets sur la manière de parler des conflits et de ceux qui souffrent ; ils ont aussi des incidences sur le (re) positionnement des ONG dans l'espace humanitaire. C'est le cas de ACF, qui dès les années quatre-vingt-dix, cherche à se distinguer en inscrivant l'apolitisme au cœur de son projet, pour politiser la neutralité de MSF et de MDM et dénoncer, en creux, un militantisme encombrant à un moment où éclatent des affaires qui « salissent » l'image du politique.

Les logiques de l'action sur le terrain ne sont pas les seules causes à l'impératif de neutralité. Ce positionnement est dû également à des considérations économiques qui sont davantage masquées dans l'espace public. Ce constat s'explique aisément. En effet, si les raisons opérationnelles de la neutralité sont socialement défendables, les raisons économiques sont moins légitimes aux yeux des acteurs. Pourtant, même tue, la contrainte cadre largement ce qui est faisable et dicible. Les ONG – lesquelles ne sont pas toutes dans la même situation sur ce plan – sont écartelées entre deux nécessités : se distancer des États et financer les missions. Lorsque ces programmes dépendent des bailleurs institutionnels, les ONG sont tenues à une loyauté inconfortable car il serait risqué d'afficher une position prenant le contre-pied des États ou des organisations internationales qui régulent le marché humanitaire. Lors de la guerre en Sierra Leone, pour ne prendre que cet exemple, la plupart des ONG a préféré l'abstention politique et la description spectaculaire des violences à l'analyse des intérêts de leurs bailleurs dans le conflit. La neutralité n'est plus alors une forme d'impartialité à l'égard des victimes mais une invitation à ne pas contester les options géopolitiques des bailleurs.

Cette loyauté remet en cause la distance des ONG par rapport aux États, ce qui les conduit à investir dans la communication. Elles espèrent ainsi, et ce n'est pas nouveau, regagner des marges d'indépendance[6].

---

[5] Pour un exemple de cette thèse, voir Dachy É., « L'action humanitaire : réalités et représentations », *Les temps modernes*, n° 627, 2004, p. 40-41.

[6] Certaines ONG comme Aide médicale internationale assument leur statut d'opérateur et refuse d'investir dans la communication au motif que celle-ci obligerait à recourir à des méthodes

Cependant, les marges gagnées ne bouleversent pas les possibles rhétoriques. La nécessité de séduire un donateur fatigué par la stérilité des combats politiques et enclin à soutenir un humanitaire « éthique » (surtout après le scandale de l'ARC) impose de ne pas recourir à des messages clivants. C'est aussi une des raisons majeures du positionnement apolitique de ACF précédemment évoqué. Ce positionnement consensuel est érigé en principe d'action pour répondre, dans la transparence, aux attentes, au moins supposées, du donateur. Ce type de stratégie n'est pas spécifique à ACF. Les ONG qui souhaitent rester à distance de la raison d'État et se faire reconnaître comme les piliers de la société civile adoptent la même attitude. Ainsi, la promotion d'une image apolitique n'est pas seulement l'affichage d'une contrainte opérationnelle, un avatar de l'impartialité ou la voie moyenne qui fait agir ensemble les humanitaires, elle est aussi le moyen, en ne contestant pas l'imaginaire du donateur, de les enrôler dans la cause.

La connaissance intuitive de cet imaginaire encourage d'emblée les communicants à mettre le politique à distance. La figure de la donatrice plutôt âgée et catholique n'a pas besoin d'être validée scientifiquement, elle est devenue naturelle au point d'être l'équivalent humanitaire de la *Madame Michu* des journalistes. Ses propriétés sociales l'inclineraient de façon quasi mécanique à rejeter ce qu'elle perçoit comme des positions politiques, c'est-à-dire, le plus souvent, ce qui est contraire à ses opinions. Toutefois, les communicants ne s'appuient pas seulement sur cette représentation commune pour justifier la dépolitisation des messages ou ne pas heurter le conservatisme des donateurs. Les possibles narratifs sont aussi définis à partir des lettres de protestation reçues par les ONG. Un ancien directeur de marketing de MDM explique ainsi comment des prises de parole déconnectées des discours de collecte ont des incidences sur l'image de l'ONG[7]. Il montre en particulier que la médiatisation du soutien de MDM aux sans-papiers de l'église Saint-Ambroise a suscité de nombreuses réserves.

La règle qui consiste à éviter les prises de position « trop politiques » n'est pas déduite seulement des courriers. Les outils du marketing permettent également d'approcher les caractéristiques sociales, religieuses et politiques des prospects et les formes qui paraissent convenables. Les données recueillies peuvent alors démentir la connaissance empirique que les communicants ont des donateurs. Pour autant, elles confortent l'idée que la seule voie rhétorique possible est

---

inconvenantes pour remplir ses objectifs.
[7] Juhem P., « Parler ici des malheurs lointains, les nécessités des énoncés humanitaires et leurs effets sur la constitution des angles journalistiques », in Siméant J. et Dauvin P. (dir.), *ONG et humanitaire,* Paris, L'Harmattan, 2004, p.225.

celle de la neutralité. L'impossibilité d'ajuster le message à tous les profils commande d'axer les stratégies de collecte sur le plus petit dénominateur commun : des victimes universelles, innocentes et ne laissant aucune prise aux jugements politiques[8]. La quête de l'efficacité dans la recherche de fonds, indispensable dans le cadre de l'humanitaire professionnalisé, contraint dès lors ses promoteurs à alerter les membres de l'institution sur les effets des prises de parole politiquement sensibles. Les arguments de ces promoteurs pèsent différemment selon la place des ONG dans les hiérarchies humanitaires. Ils dépendent de la situation financière des organisations ; plus celle-ci est fragile, plus les ONG se plient aux cadrages des communicants, sous réserve de compromis possibles. Dans d'autres ONG reconnues, comme MDM, pour leur fibre militante, rien n'interdit à la direction de contrevenir à cette neutralité, quitte à froisser le donateur. Mais dans les cas où la logique communicationnelle est contestée, la rupture de la neutralité politique – qui s'exerce dans des arènes spécifiques – n'affecte ni les mailings ni le journal des donateurs.

La sensibilisation comme compromis entre neutralité et engagement

Toutes les ONG n'ont pas l'histoire de MDM qui s'autorise, dans certaines conditions, à prendre des positions politiques. Toutes n'ont pas non plus la réputation d'indépendance de MSF. Pourtant, les ONG humanitaires, et cette fois quelles qu'elles soient, sont peuplées de salariés, de volontaires ou de bénévoles qui souhaitent, selon des registres certes différents, faire cohabiter professionnalisation et engagement. Ce constat appelle immédiatement une question : comment rester dans la filiation *sans-frontiériste*, c'est-à-dire témoigner tout en respectant le principe de neutralité ? Comment la communication peut-elle s'accommoder de ces injonctions *a priori* contradictoires ? Pour certains acteurs, communicants ou humanitaires, l'équation n'est pas impossible. La communication n'a pas vocation seulement à générer des dons mais à dénoncer des injustices. Elle n'est plus dans ce cas le lieu des rhétoriques frappées d'indignité (celles qui font pleurer), mais celui de la sensibilisation qui valorise l'engagement en se focalisant sur la cause. C'est ainsi par exemple que Handicap international, considérant que « réparer ne suffit plus », a lancé plusieurs campagnes pour l'interdiction

---

[8] Ainsi pouvait-on lire, dans le journal interne d'une ONG humanitaire, l'histoire de *Leila*, une jeune fille droguée et sans domicile, mais qui, pour des raisons faciles à deviner, sera rebaptisée *Lola* dans le journal des donateurs.

des mines antipersonnel. De la même manière, ACF propose régulièrement des campagnes visant à rappeler l'actualité du problème de la faim.

Une rhétorique ajustée

Le succès des campagnes de sensibilisation s'explique d'abord par la capacité des communicants à mobiliser des formes qui correspondent au compromis recherché. Les formes disponibles constituent un genre bien balisé. Ainsi, dans la représentation des conflits, les responsabilités humaines sont minorées et naturalisées. Dans ce sens, les slogans comme celui de MDM en 1999 – « Nous luttons contre toutes les maladies. Même l'injustice » – transforment les questions sociales en pathologie naturelle. Dit autrement, la sémantique privilégiée par le compromis démine le caractère politique des problèmes, comme si les critères de l'intervention sociale, à l'image de la charité au XIXème siècle[9], se faisaient d'abord à l'aune de la souffrance.

La deuxième forme de sensibilisation convenable est moins adossée à l'image d'une institution, mais elle engage, sur des questions qui touchent une situation précise, de façon tout aussi neutre. Cette loi désormais commune dans le monde humanitaire recommande de ne pas désigner explicitement le « méchant » d'un conflit. Il peut apparaître parfois de façon anonyme comme dans l'affiche en 2001 du Comité catholique contre la faim et pour le développement qui représentait, vu de dos, un « Africain » portant sur les épaules, des rubans de balles. Mais, de façon générale, le persécuteur est absent du discours. Cela explique les campagnes institutionnelles de MDM, lancées en 1999, dénonçant les réactions timides des pouvoirs internationaux face à différents problèmes (justice pénale, Tchétchénie, etc.) et laissant au récepteur la liberté d'identifier des coupables. Cette règle est suffisamment ancrée pour qu'il soit difficile de déstabiliser les codes, même quand il y a consensus (au moins relatif) sur le persécuteur. Les affiches de MDM assimilant les Serbes et Milosevic au national-socialisme et à Hitler ont été ainsi très critiquées, au point que l'imputation explicite des violences par voie publicitaire est aujourd'hui exclue du récit moral.

La sensibilisation peut également engager l'ONG sans la politiser en jouant sur l'objectivité du discours. Dans la campagne de ACF en 1994, le dossier de presse entend prouver la réalité de la situation dénoncée en

---

[9] Pour un recensement de l'abondante littérature qui défend cette thèse, voir Lavoinne Y., *L'humanitaire et les médias*, Lyon, PUL, 2002, p. 30-33.

présentant le témoignage d'un photographe et d'une journaliste, cautions d'un métier en direction des gens du métier. De la même manière, celle de 2002 utilise une photo de reporter et un slogan[10] qui sonne, selon l'expression du chef de projet de l'agence, comme une dépêche de l'AFP. En fait, ce n'est pas seulement le registre du vraisemblable qui est mobilisé mais, comme dans les mailings, un style journalistique qui fait autorité. Ce travail d'authentification n'a pas la même valeur probatoire que les prises de parole construites sur des entretiens qualitatifs ou des analyses statistiques des situations de conflit[11]. Pour autant, la campagne publicitaire de sensibilisation recourt aussi, même si la force rhétorique n'est pas la même, au registre de l'objectivité, pour neutraliser la cause et la rendre crédible.

Être militant sans parti pris politique est possible, enfin, en s'appuyant sur les droits de l'homme. Cette référence est sans doute la plus efficace pour agencer entre elles les différentes contraintes. Elle l'est d'autant plus qu'elle s'inscrit dans la filiation du nouvel humanisme scellé à l'occasion de l'opération « un bateau pour le Vietnam »[12] et de la chute du mur de Berlin. Le recours aux droits de l'homme permet aux acteurs (ONG, agences de communication, médias) de s'indigner en dépassant les désaccords politiques. La sensibilisation aux causes formulée dans ces valeurs fait alors l'économie des clivages idéologiques. Ainsi renforcée, voire inattaquable, elle devient audible pour les responsables politiques[13] qui sont interpellés.

Un compromis « rattrapé » par les logiques de communication

Le succès des campagnes de sensibilisation n'est pas qu'une affaire de formes disponibles, même si leur popularité – qui dépasse largement le cercle des initiés – fait parfois oublier que ce discours est situé socialement. Ces campagnes ont toutes les chances de réussir car les communicants ont intérêt à promouvoir le compromis entre engagement et neutralité. Le premier intérêt est lié au thème lui-même.

---

[10] Sur l'affiche, on voit un enfant agenouillé dans une case vide, près d'une écuelle elle-même vide. Au-dessus de lui, le slogan : « La faim tue toutes les quatre secondes ».
[11] Pour l'analyse de ce type de prise de parole, voir Dauvin P., « "Kosovo, histoire d'une déportation", ou la chronique d'une prise de parole publique dans une ONG internationale», in Siméant J. et Dauvin P. (dir.), *op. cit.*, p. 35-53.
[12] Il s'agit du comité créé pour aider le bateau « L'île de lumière » et son équipe médicale, partis au secours des réfugiés vietnamiens entassés dans l'île de Poulo-Bidong en Malaisie. L'événement fut, on le sait, l'occasion pour Raymond Aron et Jean-Paul Sartre de se réconcilier en se mobilisant autour de la même cause.
[13] Sur ce thème voir, Ollitrault S., « Les mobilisations humanitaires. Du global au local, créer un "apolitisme" militant », in Arnaud L. et Guyonnet C. (dir.), *op. cit.*, p. 79-109.

Communication humanitaire, engagement et « politique »

Parler des causes, c'est s'ennoblir, gagner l'estime de soi et grandir son métier. D'ailleurs, lors de la campagne de MSF en 2004 sur les effets du paludisme, l'agence Australie oriente le projet vers la sensibilisation, alors que l'ONG – qui témoigne en utilisant généralement d'autres voies – souhaite d'abord récolter des fonds. Dans le dossier de presse conjointement réalisé, l'agence exprime clairement sa fierté : « Avant même d'y voir un objet de communication, cette cause nous a touchés en tant qu'individus, tant les chiffres de l'épidémie nous ont semblé ahurissants [...] C'est pourquoi nous sommes fiers aujourd'hui de participer à la lutte que mène Médecins sans frontières. »

Les campagnes de sensibilisation sont ensuite stimulantes d'un point de vue professionnel. D'un côté, elles reposent sur des thématiques porteuses, susceptibles d'être primées dans les concours récompensant les meilleures créations. De l'autre, en travaillant les catégories consensuelles du Bien (droits de l'homme, droit humanitaire, valeurs démocratiques), elles peuvent être réalisées avant de trouver les « marques » qui pourront les porter. Le succès de la sensibilisation est lié enfin au travail de codification de leurs pratiques par les communicants qui cherche à convaincre que l'investissement dans la cause peut être économiquement rentable. Même s'il n'est pas toujours dicible, il s'agit là d'un argument auquel les ONG sont sensibles, la générosité ayant ses limites dans un contexte de plus en plus concurrentiel. Prenant acte de ce constat, les communicants considèrent – c'est une règle du métier – que les campagnes de sensibilisation ne doivent pas se faire de manière isolée. Il est recommandé de les réfléchir en fonction des impératifs de la collecte.

Pour être clair, les discours les plus engagés s'inscrivent généralement dans une stratégie de communication globale. Le lancement des campagnes de sensibilisation, initié le plus souvent en période creuse, s'accompagne d'un travail offensif qui ne vend pas seulement la cause. Les communicants proposent des dossiers pour la presse locale, nationale, voire internationale, enrôlent la télévision, la radio[14]. Ils cherchent à baliser l'événement de sorte que la cause revendiquée prépare l'appel au don, notamment avec l'envoi de mailings. Il ne suffit pas de dire cependant que les campagnes sans

---

[14] Il faudrait développer ici les raisons pour lesquelles les médias ont toutes les chances de reprendre les cadrages des communicants, même si ces raisons ne se résument pas à la force persuasive des dossiers de presse ou aux effets de l'achat d'espace publicitaire. Comme les agences, les médias se grandissent en parlant des causes dans des formats qui valorisent des angles convenus, en particulier celui de l'injustice qui frappe l'innocente victime. Cela ne signifie bien évidemment pas que les journalistes seraient nécessairement acquis aux desseins des communicants et à leur rhétorique victimaire. Dans le même média, télévision ou presse écrite, le propos peut être promotionnel ou analytique en fonction du type d'émission ou de la rubrique.

collecte sont articulées à des techniques explicitement conçues pour solliciter la générosité. Les séquences de sensibilisation sont en effet pensées, elles-mêmes, comme des opérations de récolte de fonds. Par exemple, les affiches de ACF qui visent à faire de la faim une priorité en 2002 correspondent, conformément à ce qui est négocié avec l'agence, à la volonté de l'ONG de sensibiliser l'opinion. Pour autant, le plan média dépasse cette première intention en recomposant le visuel pour la presse écrite. Dans des journaux aussi différents que *Le Monde*, *La Croix*, *La Vie*, *Libération*, ou *Modes et Travaux*, un cinquième de ce visuel est consacré à un coupon-réponse.

Cette confusion des genres n'est pas nécessairement perçue comme une perte de sens militant. Les théories du marketing social parviennent d'ailleurs parfaitement à négocier conceptuellement la dilution de la cause dans les logiques de rentabilité. À cette fin, elles présentent la sensibilisation comme un aspect parmi d'autres de l'engagement. Si dans leur cadre logique, la sensibilisation peut entretenir la flamme militante des humanitaires, il s'agit là d'un objectif marginal. Ce qui prime, c'est la transformation du don en geste citoyen. Ce geste citoyen repose sur trois critères. Le premier consiste à établir le lien entre donner et agir pour la cause. Le deuxième encourage le donateur à se rendre responsable, comme le ferait un petit actionnaire, de l'usage transparent des fonds par l'ONG. Le troisième a l'ambition de susciter la mobilisation *en acte* du donateur[15]. En conséquence, toutes les campagnes, quelles qu'elles soient, sollicitent la fibre citoyenne.

En ordonnant ainsi l'action humanitaire autour du donateur, les théories du marketing social légitiment, dans un secteur marqué par la défense désintéressée de la cause, une activité initialement liée au monde marchand. Il serait tentant de comprendre ces justifications comme un moyen à peine voilé, pour les entrepreneurs qui les promeuvent, de gagner des parts de marché. L'hypothèse n'est pas fausse, mais elle ne doit pas faire oublier que ces rationalisations s'inscrivent dans une conception plus large du rôle de la philanthropie et qu'elles encouragent, au sein des démocraties libérales, des formes d'engagement que les communicants tiennent sincèrement pour vertueuses.

Les sous-entendus idéologiques et opportunistes du modèle suscitent des réserves, même chez les humanitaires attachés aux

---

[15] C'est le cas lors de la campagne de Handicap international contre les mines antipersonnel en 2002. Au moment de son lancement, l'ONG encourageait les internautes à envoyer une chaussure virtuelle dans la boite e-mail du président américain pour signifier leur désaccord avec sa politique.

campagnes de sensibilisation. Ces réserves les conduisent à requalifier ces campagnes. Certains d'entre eux avancent l'idée que la sensibilisation est une « bonne » solution dans le système de contrainte de l'humanitaire professionnalisé, dès lors que la communication engagée existe indépendamment des impératifs de la collecte. À partir de là, ces humanitaires font en sorte que la confusion des genres soit cohérente avec leur vision des choses. Ils indexent à la hausse la valeur militante de la sensibilisation en la dissociant de la question des dons. Ainsi, en 2002, alors que les communicants de HI et de l'agence publicitaire voient dans les affiches contre les mines antipersonnel le moyen de toucher de futurs donateurs en s'associant à un dessinateur pour enfant[16], le conseil d'administration, et plus largement les membres de l'ONG, perçoivent ces affiches comme le moyen de témoigner de ce qu'ils font.

Les campagnes de sensibilisation sont donc le résultat de compromis et de déplacements d'objectifs entre les acteurs qui participent à leur élaboration. Elles sont aussi ce que peut en faire la réception des humanitaires, c'est-à-dire une interprétation acceptable de leurs pratiques. Cette mise en cohérence est d'autant plus aisée que la campagne de sensibilisation est accompagnée d'événements médiatiques (course contre la faim, pyramides de chaussures) qui peuvent être assimilés aux répertoires traditionnels de l'action collective. Cette façon de s'accommoder de l'influence de la communication permet de garder un cap militant, surtout dans les ONG les plus soumises à la pression économique : « *On est quand même coincé avec l'histoire de la neutralité, donc moi je trouve que c'est bien de pouvoir sensibiliser l'opinion. C'est une bonne façon de montrer notre engagement. Ça montre ce que l'on fait autrement qu'avec des campagnes de dons, c'est plus politique... Enfin sans trop l'être non plus. Moi, je trouve cela bien quand la communication te parle de la cause pour laquelle tu te bats [...] La com' ils te rappellent là où ça fait mal et on montre, en organisant des événements, des mobilisations, qu'on est là pour améliorer les choses.* » Rien n'interdit aux humanitaires, comme dans cet extrait d'entretien, de croire à leurs justifications. Pour autant, tous ne sont pas dupes de la dialectique que la situation leur impose pour maintenir, là où ils sont, l'intérêt à agir. Ces lectures qui contestent l'hégémonie de l'ordre marketing ne sont cependant pas si isolées. Le monde humanitaire peut en effet, dans certaines conditions, chercher à

---

[16] Pour les communicants, Titeuf, le héros de la campagne « Faut pô laisser faire » doit provoquer une révolte du jeune public face à l'injustice qui le conduira, à terme, à agir en donnant.

imposer des solutions alternatives à l'expression de l'engagement, telle qu'elle est cadrée par la communication.

Critique sociale et domestication de la communication

Le compromis précédemment analysé n'est pas toujours perçu, malgré les recodages dont il est l'objet, comme un modèle absolu d'engagement. Dans un espace humanitaire connu pour réfléchir ses pratiques, ce compromis est même soumis à débats et critiques. Ces critiques pourraient être considérées comme une bonne conscience à peu de frais. En s'exprimant dans des espaces distincts de ceux de la collecte, la réflexivité des acteurs serait sans danger pour les ONG[17]. Cette hypothèse est fragile au regard du nombre de revues (*Le Débat, Études, Esprit, Les Temps modernes,* etc.) et de journaux, hebdomadaires ou quotidiens, qui font leur sommaire sur les ambivalences de l'action humanitaire et les dérives de sa communication. Par ailleurs, même si ces thèses touchent d'abord un public cultivé, elles se diffusent avec succès au-delà des milieux initiés. Constamment recyclées, elles nourrissent, dans certains cas, les colonnes des journaux internes, alimentent les conversations informelles, structurent les formations indigènes ou universitaires.

« Un engagement au rabais »

Une première série de critiques consiste à faire à la sensibilisation les reproches adressés plus généralement au discours et à l'action humanitaires. Au nom de la neutralité, ces campagnes traitent la cause en utilisant des rhétoriques qui délient les malheurs individuels du mal dont ils résultent. Comme l'action, elles portent une attention ponctuelle à la souffrance sans se préoccuper de ce qui l'explique[18]. Le plus souvent, le message sensibilise à partir du cas exemplaire d'une victime, en ne portant l'attention ni sur les conditions qui créent l'injustice, ni sur la pertinence politique de l'action qui suit l'indignation. L'idéologie véhiculée par les représentations humanitaires conduit par conséquent à une forme de conservatisme gouverné par l'émotion.

---

[17] Juhem P., « Parler ici… », *art. cit.,* p.253.
[18] Brauman R., « Le sacre de l'urgence », *Le Débat,* n° 84, mars 1995, p. 5.

À cette réflexion largement partagée[19] s'ajoute l'idée que la rhétorique humanitaire avance masquée. En se distançant explicitement du politique, elle sert de justification morale au libéralisme ; les interventions humanitaires et les représentations de l'aide donnent au capitalisme un visage humain et font la promotion des valeurs démocratiques sur lequel il s'adosse. Toutefois, ces analyses ne visent pas seulement le contenu du discours. Elles intègrent aussi la transformation des conditions de sa production. La dépolitisation est alors perçue comme le résultat de l'impérialisme triomphant de la communication et de ses réseaux. La force intrusive des communicants, la banalisation des messages compassionnels, la dilution de l'engagement dans les campagnes de sensibilisation justifient l'hostilité à l'égard d'une activité contestée mais indispensable.

Ces critiques savantes, mondaines ou indigènes, peu importe, n'épuisent pas les reproches adressés à la communication[20]. En fait, ce n'est pas la pertinence des arguments qui nous intéresse, mais ce qu'ils disent des rapports ambigus entre humanitaire, communication, engagement et politique. La dilution de l'engagement dans la sensibilisation n'est évidente ni pour tous les commentateurs, ni pour tous les humanitaires. En tout cas, ceux qui sont attachés à des formes d'action militante moins consensuelles ne se reconnaissent pas forcément dans les campagnes de sensibilisation[21]. Ils revendiquent une conception du militantisme plus « dure » qui réhabiliterait le politique. Dans ce modèle, la « vraie » politique doit établir un rapport de force avec les gouvernements. Et il convient, pour ce faire, de se méfier de la communication : « *Ce n'est pas parce que les politiques sont nuls avec leurs petits calculs persos qu'il faut tout balancer. À un moment donné, il ne faut pas oublier que c'est la politique qui change le monde et que cela ne se fait pas qu'avec des bons sentiments. Alors les campagnes de sensibilisation, c'est bien gentil mais ça ne va pas très loin. Tout le monde est bien d'accord pour dire que la pluie ça mouille mais bon, ça ne va pas très loin. C'est de l'engagement au rabais. Tout ça, c'est parce qu'il ne faut bousculer personne. Depuis des années on fait pleurer le donateur et depuis des années on se plaint de ne pas lui dire pourquoi il pleure. Il y a un moment où il faut*

---

[19] Pour une analyse récente reprenant cette thématique, voir Danblon E., « Le discours humanitaire : de l'argument à la politique de la pitié », in Ollivier-Yaniv C. et Rinn M. (dir.), *Communication de l'État et gouvernement du social*, Grenoble, PUG, 2009, p. 67-84.
[20] Compte tenu de l'angle retenu dans cet article, on n'abordera pas la question de la surenchère symbolique dans les messages, leur standardisation ou les questions éthiques posées par le recours aux techniques de la communication ou du marketing.
[21] Il convient à ce propos de ne pas se méprendre sur la relation des humanitaires au politique. Comme le souligne Johanna Siméant, il faut nuancer l'idée d'un rejet global du politique : on peut se politiser au contact de l'humanitaire comme on peut réinvestir dans les ONG les dispositions qui amènent à s'engager dans des partis, des associations ou des syndicats. Siméant J., « Un humanitaire "apolitique"… », art. cit., p. 195.

s'attaquer aux racines du mal. Il faut être moins mollasson si on veut que cela bouge. La com', ça nous endort. Si on attend seulement après elle pour montrer qu'on est engagé, on est mal parti parce que la com', c'est trop dépolitisé, ça ne va pas assez au conflit. À un moment, il ne faut plus avoir peur des mots. Il faut être plus politique et visiblement la com', elle ne sait pas bien faire ça. » Cet humanitaire passé par le syndicalisme étudiant reprend avec ses mots les critiques usuelles adressées à la communication. Il invite à dépasser les discours consensuels qui anesthésient le jugement des donateurs et des humanitaires. Dans le même temps, il réhabilite les répertoires qui font passer à l'action, politiquement. Il importe de ce point de vue de ne pas confondre le travail de distanciation public avec le politique (entendu comme une activité qui relève d'un espace autonome) et la politisation souhaitée par les humanitaires politisés. Cette façon d'entrer en politique ne rejette pas seulement la sensibilisation abstraite et la naturalisation de la souffrance. Plus brutalement, elle disqualifie la communication et doute de sa capacité (ou de son utilité) à produire un discours autre que charitable, confirmant, par là même, que les ONG sont le lieu de luttes incessantes pour définir les cadres légitimes de leur discours public.

Un autre compromis

Valoriser l'expression politique de l'engagement tout en disqualifiant celui que la communication met en scène n'est pas aussi simple. En effet, comment concilier la volonté de politisation et l'impératif de neutralité ? Comment les humanitaires les plus critiques peuvent-ils proposer un engagement plus politique que les campagnes de sensibilisation tout en s'accommodant, comme la communication, des obligations de l'humanitaire professionnalisé ? Comment, pour le dire simplement, reformuler le compromis ? Les nécessités pratiques conduisent là encore à faire œuvre dialectique. Plutôt que des campagnes de sensibilisation, il s'agit de jouer la carte de la critique sociale. Cette catégorie présente de nombreux avantages. Elle évite les malentendus liés au mot « politique » et localise l'humanitaire hors des gouvernements. Elle établit une parenté avec la politisation sans susciter la réprobation de ceux qui souhaitent maintenir au moins une fiction de séparation entre les deux activités. Elle permet aux humanitaires de mobiliser un cadre qui renforce la distinction entre les deux ordres sans laisser penser que les frontières ainsi posées pourraient être transgressées[22]. Au final, la critique sociale constitue une alternative

---

[22] Lagroye J., « Les processus de politisation », in Lagroye J. (dir.), *op.cit.*, p.363.

Communication humanitaire, engagement et « politique »

opportune qui conforte la rhétorique contemporaine de soupçon à l'égard du politique. En convenant à la fois aux libéraux, qui prônent l'avènement de la société civile, et à ceux, parfois les mêmes, qui contestent les politiques conservatrices, le recodage politisé, pour ainsi dire, sans politiser. Le recours à l'idée de critique sociale est une ressource pour les acteurs qui exercent à la frontière de l'action et de l'analyse et il faut, à ce titre, le prendre au sérieux. Il ne s'agit pas seulement d'une théorie pour agir, issue de réflexions spéculatives sur le politique, qui informeraient sur les récits moraux dans les démocraties libérales[23]. Le recours à la critique sociale donne des cadres pour penser l'action à venir et permet de reformuler, souvent en les généralisant, des expériences qui ont valeur de modèle, même quand elles ont suscité des réticences.

Au quotidien, les acteurs sont capables de trouver des solutions pour « engager » ce qu'ils font dans des formes acceptables. En fonction de ce qu'ils sont, de ce qu'ils investissent dans l'institution et de ce que cette dernière autorise, ils expérimentent des pratiques limites. Dans une ONG comme MSF, l'exposition itinérante sur les réfugiés[24], la reprise en main du débat interne par la cellule chargée de la vie associative, les prises de position sur le tsunami sont des exemples de ces audaces tolérées – voire encouragées. Et quand l'action doit être « politique », l'expérimentation s'accompagne généralement d'une redéfinition des rôles. En effet, les professionnels de la communication ne sont pas perçus, dans ce cas, comme étant les plus légitimes pour faire parler l'engagement : « *Quand tu veux dans l'humanitaire, tu peux. C'est un privilège de l'associatif de pouvoir encore faire bouger les lignes [...]. On n'est pas obligé de faire comme la com' voudrait qu'on fasse. Si tu trouves que la manière dont la com' parle de l'engagement n'est pas la bonne, alors tu proposes autre chose. Tout le monde dans les ONG n'a pas encore dit : "amen" aux communicateurs. Si tu as envie de montrer ce que c'est que d'être engagé en mettant toute ton énergie militante : tu peux. Après tout, ce n'est pas la com' qui pose problème mais comment on s'en sert. Pourquoi est-ce que c'est la com' qui s'occuperait de tout ce qui est témoignage, prise de parole, lobbying etc. ? Pourquoi ce serait pas à nous de le faire ? Ce n'est pas si sorcier ! Des gens pour qui c'est important et qui sont prêts à s'investir là-dedans tu en trouves.* » Les acteurs comme cet humanitaire, « *politiquement engagé* », peuvent faire alliance pour remettre en cause la différentiation des espaces d'activité. Sûrs de leur légitimité militante, ils bousculent les séparations instituées. Ils chahutent les manuels qui objectivent les rôles, prouvant par là même

---
[23] Angenot M., *Les idéologies du ressentiment*, Montréal, XYZ éd., 1996.
[24] Sur les particularités de cette exposition dans l'univers sémiologique de l'humanitaire, voir Mesnard P., « La visibilité des victimes. À partir de la représentation humanitaire», in Siméant J. et Dauvin P. (dir.), *op. cit.*, p. 202-203.

que la vérité de la communication ne se réduit pas à ce que « les professionnels de la profession » en disent. Certaines transgressions créent des jurisprudences nouvelles et modifient la perception des frontières légitimes. Elles constituent des « coups » rappelant qu'il existe des définitions concurrentes de la « bonne » communication.

L'engagement sans la communication ?

Au nom d'un engagement différent, le rôle de la communication peut être reformulé. Elle peut perdre du terrain dans les domaines qu'elle contrôle habituellement, et voir, par exemple, la communication « interne » se transformer en « communication associative ». Là où s'opère ces recompositions, la communication institutionnalisée – dans les services ou dans les agences – n'est pas en position de force pour piloter les prises de parole ou les opérations de lobbying. La communication est domestiquée pour éviter l'enrôlement du témoignage dans les logiques de don. Plus clairement, marginaliser ainsi la communication est une façon de contester les théories opérationnelles du marketing qui se réapproprient les répertoires traditionnels de l'action collective en revendiquant l'engagement du donateur. Les acteurs qui tiennent cette position cherchent alors à défendre la cause en sortant de l'espace du don et à échapper aux mises en scènes spectaculaires (happening, parrainage médiatique, marketing viral, etc.).

Ces exemples mériteraient une attention particulière pour comprendre comment les acteurs disqualifient l'interpellation publicitaire et cantonnent la communication à un rôle d'auxiliaire technique : « *Il y a des ONG qui considèrent que parler des causes, faire du lobbying, des plaidoyers, tout cela, c'est trop sérieux et trop politique pour être laissé à la com'. Tous les trucs qui tournent autour de l'événementiel, ce n'est pas bon. Toutes les grosses opérations médiatiques, ça ne fait pas sérieux. Ce qui est marrant, c'est que cela se fait souvent avec la bénédiction des services. Tu as des gens qui travaillent à la com' et qui trouvent normal que finalement la com' soit juste une force d'appoint. Dès que le vieux routier prend en main le projet, tu n'as plus grand chose à dire parce que lui, il va t'apprendre ce que c'est qu'être un vrai militant. Toi, on te demande de faire ton dossier de presse comme à l'école, sans réfléchir*[25]. » Quand les acteurs vivant leur engagement sur un mode plus politique s'attribuent la fonction critique, la communication n'est pas perçue comme un espace capable d'ordonner le monde autour du don. Elle est conçue comme un ensemble de techniques qui facilitent

---

[25] Entretien avec une diplômée en communication, ancienne salariée d'ONG humanitaires.

les coordinations, le travail en réseau, la mutualisation des informations et des expertises. En bref, elle sert, dans ce genre d'exercice, à publiciser un rapport de force avec les États ou les organisations internationales qui est pensé dans d'autres arènes. Fonctionnant sur ce modèle, la campagne d'accès aux médicaments vitaux dont MSF a été un des principaux artisans a cherché à montrer la violence résultant d'une logique de pur profit, tout en travaillant à l'atténuer et à peser sur la législation internationale et les pratiques de terrain[26]. Cette vision purement instrumentale de la communication (faire des dossiers de presse, organiser le dispositif de pétition...) exclut toute prétention stratégique, en dehors de la possibilité toujours offerte aux communicants de redéfinir leur rôle – à la marge – au cours du processus.

En faisant de la critique sociale, les humanitaires peuvent politiser les outils habituellement mobilisés pour récolter des fonds et promouvoir des causes. Cette démarche marginalise les communicants et les cantonnent à la seule maîtrise des techniques, parfois avec leur consentement[27]. Domestiquer ainsi les communicants, séparer la prise de parole de la récolte de fonds, ne pas se compromettre dans les campagnes de sensibilisation n'autorisent pas cependant tous les discours. Les humanitaires qui veulent s'engager « autrement » dans l'espace public sont, comme les autres, soumis aux lois de leur « champ » et à la culture de leur ONG. La critique sociale ne peut en effet durablement contrarier ni les logiques du don[28], ni celles de l'aide et elle doit mobiliser les rhétoriques privilégiées par l'ONG. La « politisation » est donc l'objet d'un (auto) contrôle et d'une (auto) neutralisation, en recourant, par exemple, à des modes probatoires qui ont une approche « positiviste » de la réalité. Ce mode probatoire, compatible avec l'éthos des médecins, celui des juristes ou celui des spécialistes de géopolitique défend une conception de l'espace public où les contre-pouvoirs suscitent le débat dans l'espace public à partir d'arguments fondés sur la raison et l'expérience.

---

[26] À ce sujet, voir Brauman R., « Post-scriptum, la politique du moindre pire », in Mesnard P., *La victime écran*, Paris, Textuel, 2002, p.163.
[27] En fonction de leur socialisation et du travail de l'institution sur la définition des rôles, les communicants peuvent se reconnaître, au moins jusqu'à un certain point, dans cette définition *a minima* de leur métier.
[28] D'ailleurs, la position à contre-courant de MSF lors du tsunami – position rendue possible d'abord par la force de son réseau international de financement – était unanimement soutenue dans l'ONG. Pour autant, les vigies chargées de l'intendance ont alerté sur les risques d'une telle posture. Un argumentaire à développer dans les médias a rapidement circulé pour rappeler, sans se renier, combien donner est un geste légitime et indispensable.

La communication des ONG humanitaires

Les ONG qui procèdent de la sorte pratiquent « la politique du moindre pire »[29] ou celle du moindre coût. Cela signifie que la critique se déploie là où elle est politiquement concevable. Elle légitime un mode de gouvernance où les États sollicitent la participation des ONG et acceptent les doléances (à défaut de les prendre en compte). L'imputation publique des maux s'est donc déplacée des pouvoirs tortionnaires vers les institutions habilitées à apprivoiser les requêtes. Le contre-pouvoir s'exerce d'abord au sein d'une « société civile » policée dans laquelle les ONG réforment aux marges. Trop dangereuse pour les ONG humanitaires, la condamnation politique des pouvoirs iniques relève aujourd'hui plutôt d'organisations[30] ou de groupes qui ne sont pas liés par la neutralité : journalistes (qui pour certains d'entre eux savent, au-delà du *off*, décoder le sens politique des présentations techniques), collectifs d'intellectuels (parmi lesquels peuvent figurer, avec un statut ambigu, des membres d'ONG) ou des ONG, dont c'est la raison sociale comme Amnesty internationale ou Reporters sans frontières.

Ce qui est visible de la communication humanitaire ou ce qu'on est tenté d'en voir ne doit pas laisser croire que « la société de communication » avancerait sans heurt. L'imposition d'images humanitaires dépolitisées ne va pas de soi. Il existe toujours une possibilité pour les acteurs – communicants compris – de défendre une définition plus conflictuelle de l'engagement. Cette possible politisation est cependant doublement euphémisée. D'abord, elle est possible seulement dans le cadre contraignant de la neutralité. Ensuite, elle emprunte des voies rhétoriques qui jouent sur un registre expert. Ce registre cherche à justifier des jugements de valeur en mobilisant une argumentation rationnelle tendant à « l'objectivité ». La politisation conforte ainsi l'idée d'une réforme de la société (plus qu'elle ne défend une rupture radicale) en utilisant des formes qui ont du sens dans les ONG issues de la culture médicale et qui font preuve dans la société.

Cette façon de penser la communication concurrence les définitions « publicitaires », socialement plus ancrées. Il ne faut pas déduire de ces différences que les frontières entre les mondes seraient infranchissables. Les humanitaires quelle que soit leur position

---

[29] Selon l'heureuse expression de Philippe Mesnard.
[30] Les ONG n'ont pas complètement abandonné ce registre, comme le prouvent par exemple les débats autour de la question du génocide au Darfour ; celui-ci se déroule cependant dans des arènes déconnectées - en partie - de celles du don.

peuvent se reconnaître dans les deux registres, même si cela ne va pas sans tensions. Ils peuvent jouer « les passeurs » pour que les techniques et les rhétoriques s'accommodent des cadres cognitifs de cultures professionnelles ou militantes différentes, tout en contribuant à les transformer. Ce va-et-vient politise, dépolitise et re-politise la communication. En passant de la figure victimaire à celle de la scientificité, et de l'émotion à l'interpellation, il crée ce sentiment de confusion, signe d'une représentation en mouvement.

ANNEXES

BIBLIOGRAPHIE

Ouvrages, thèses, rapports

Angenot M., *Les idéologies du ressentiment*, Montréal, XYZ éd., 1996.

Arnaud L. et Guionnet C. (dir.), *Les frontières du politique*, Rennes, PUR, 2005.

Badie B., *La diplomatie des droits de l'homme*, Paris, Fayard, 2002.

Becker A., *Oubliés de la grande guerre. Humanitaire et culture de guerre*, Paris, Noêsis, 1998.

Boltanski L., *La souffrance à distance*, Paris, Métaillé, 1995.

Bourdieu P., *Raisons pratiques. Sur la théorie de l'action*, Paris, Le Seuil,1994.

Bory A., *De la générosité en entreprise. Mécénat et bénévolat dans les grandes entreprises en France et aux Etats-Unis*, Thèse de doctorat de sciences sociales, Université Paris I, 2008.

Brauman R., *Penser dans l'urgence, parcours critique d'un humanitaire* (entretien avec Catherine Portevin), Paris, Seuil, 2006.

Brauman R., *L'action humanitaire*, Paris, Flammarion, 1995.

Brauman R. et Backmann R., *Les médias et l'humanitaire, éthique de l'information ou charité spectacle*, Paris, CFPJ, 1996.

Burnett K., *Relationship Fundraising*, London, White Lion Press, 1992.

Dacheux É., *Association et communication. Critique du marketing*, Paris, CNRS-Éditions, 2005.

Dauvin P. et Legavre J.-B. (dir.), *Les publics des journalistes*, Paris, La Dispute, 2008.

Dauvin P. et Siméant J., *Le Travail humanitaire*, Paris, Presses de Sciences po, 2002.

Destexhe A., *L'humanitaire impossible*, Paris, Armand Colin, 1993.

Doucin M., *Les ONG : le contre-pouvoir ?* Paris, Toogezer, 2007.

Dufourcq N. (dir.), *L'argent du cœur*, Paris, Hermann, 1996.

Durkheim E., *Leçons de sociologie*, Paris, PUF, 1995.

Gendre G., *Stratégies de la générosité*, Paris, Economica, 1996.

Hutchinson J.-F., *Champions of Charity. War and the Rise of the Red Cross*, Oxford, Westview, 1996.

Hugues E.-C., *Le regard sociologique. Essais choisis, textes rassemblés et présentés par Chapoulie J.-M.*, Paris, EHESS, 1996.

Karpik L., *L'économie des singularités*, Paris, Gallimard, 2007.

Kayitesi C., *Une saison de machettes*, Paris, Points Seuil, 2005.

Kotler P., *Marketing Management*, Paris, Pearson Education France, 2006.

Kouchner B., *Charité business*, Paris, Le Pré aux Clercs, 1986.

Lagroye J. (dir.), *La politisation*, Paris, Belin, 2003.

Lagroye J., *Sociologie politique*, Paris, Presses de Science po-Dalloz, 1993.

Lavoinne Y., *L'humanitaire et les médias*, Lyon, PUL, 2002.

Le Pape M., Vidal C. et Siméant J. (dir.), *Crises extrêmes. Face aux massacres, guerres et génocides*, Paris, La découverte, « collection Recherches », 2006.

Legavre J.-B., *Conseiller en communication politique. L'institutionnalisation d'un rôle*, Thèse pour le doctorat de science politique, Université Paris I, 1993.

Legavre J.-B., *« Je t'aime moi non plus ». Les relations d'« associés-rivaux » entre journalistes et communicants*, Mémoire pour l'habilitation à diriger les recherches en sciences de l'information et de la communication, Université de Versailles-Saint-Quentin-en-Yvelines, 2007.

Lefèvre S., *Collecte de fonds, militantisme et marketing : le programme Direct Dialogue à Greenpeace France*, Mémoire de DEA de Science Politique, Université de Lille 2, 2003.

Lefevre S., « *Mobiliser les gens, mobiliser l'argent : les ONG au prisme du modèle entrepreneurial* », thèse pour le doctorat de science politique, Lille, novembre 2008.

Lemieux C., *Mauvaise presse*, Paris, Métailié, 2000.

Lindon D., *Le Marketing Politique et social*, Paris, Dalloz, 1981.

Loing J.-L., *La bonne gouvernance des associations*, Paris, L'Harmattan, 2007.

Marais J.-L., *Histoire du don en France de 1800 à 1939*, Rennes, PUR, 1999.

Ménard P., *La victime écran*, Paris, Textuel, 2002.

Merlet J.-F., *Une grande loi de la Troisième République : la loi du 1er juillet 1901*, Paris, LGDJ, 2001.

Messika L., *Les dircoms, un métier en voie de professionnalisation*, Paris, L'Harmattan, 1995.

Neveu E., *Une société de communication ?*, Paris, Montchrétien, 1994.

Ryfman P., *Les ONG*, Paris, La Découverte, 2004.

Siméant J. et Dauvin (dir.), *ONG et humanitaire*, Paris, L'Harmattan, 2004.

Simonet M., *Les mondes sociaux du « travail citoyen » : sociologie comparative de la pratique bénévole en France et aux Etats-Unis*. Thèse de doctorat de sociologie, Université de Nantes, 2000.

Teyssier J.-P., *Frapper sans heurter*, Paris, A. Colin, 2004.

Vaccaro A., *Communication et collecte de fonds*, Ivry, Éditions Chopin, 1987.

Weber O., *French Doctors*, Paris, Robert Laffont, 1995.

Articles et contributions

Blic (de) D., « Cent ans de scandales financiers en France», in Boltanski L. et *alii*, *Affaires, scandales et grandes causes*, Paris, Stock, 2007, p. 231-247.

Bourdieu P. et Boltanski L., « Le titre et le poste : rapports entre le système de production et le système de reproduction », *Actes de la recherche en sciences sociales*, 2, 1975, p.95-107.

Brauman R., « Le sacre de l'urgence », *Le Débat*, n° 84, mars 1995, p. 4-8.

Brauman R., « Post-scriptum, la politique du moindre pire », in Mesnard P., *La victime écran*, Paris, Textuel, 2002, p.159-165.

Brauman R., « Les ONG et l'Afrique », *Questions internationales*, n°5, 2004, p.47-53.

Brauman R., « Les liaisons dangereuses du témoignage humanitaire et de la propagande politique », in Le Pape M., Siméant J. et Vidal C. (dir.), *Crises extrêmes : face aux massacres, aux guerres civiles et aux génocides*, Paris, La Découverte, 2006, p. 188-204.

Bruneau D., « L'autocontrôle associatif est-il possible ? », in Dufourcq N. (dir.), *L'argent du cœur*, Paris, Hermann, 1996, p. 113-140.

Dachy É., « L'action humanitaire : réalités et représentations », *Les temps modernes*, n° 627, 2004, p. 22-41.

Danblon E., « Le discours humanitaire : de l'argument à la politique de la pitié », in Ollivier-Yaniv C. et Rinn M. (dir.), *Communication de l'État et gouvernement du social*, Grenoble, PUG, 2009, p. 67-84.

Dauvin P., « "Kosovo, histoire d'une déportation", ou la chronique d'une prise de parole publique dans une ONG internationale», Siméant J. et Dauvin P. (dir), *ONG et humanitaire*, Paris, L'Harmattan, 2004, p. 35-53.

Dauvin P. « Le traitement journalistique des crises au regard de la sociologie de la production de l'information », in Le Pape M., Vidal C. et Siméant J. (dir.), *Crises extrêmes. Face aux massacres, guerres et génocides*, Paris, La découverte, « collection Recherches », 2006, p. 57-71.

Dauvin P., « Le public humanitaire des journalistes. Discours sur les enjeux et les formes d'une relation. », in Dauvin P. et Legavre J.-B. (dir.), *Les publics des journalistes*, Paris, La Dispute, 2008, p. 45-64.

De Ville de Goyet C., « Stop Propagating Disasters Myths. », *Lancet*, vol. 356, août 2000.

Dufourcq, N., « Le don intéressé », in Dufourcq N. (dir.), *L'argent du cœur*, Paris, Hermann, 1996.

Geffroy J.-B., « Fiscalité et générosité publique », in Mbongo P. (dir.), *La générosité publique. Dons, mécènes, entre droit et politique*, Paris, LGDJ, 2006.

Jean J.-P., « La générosité publique sous la protection du droit pénal », in Mbongo P. (dir.), *La générosité publique. Dons, mécènes, entre droit et politique*, Paris, LGDJ, 2006.

Juhem P., « La légitimation de la cause humanitaire », L'humanitaire en discours, *Mots*, n° 65, mars 2001, p. 9-26.

Juhem P., « Parler ici des malheurs lointains. Les nécessités des énoncés humanitaires et leurs effets sur la constitution des angles journalistiques. », in Siméant J. et Dauvin P. (dir.), *ONG et humanitaire*, Paris, L'Harmattan, 2004, p. 213-243.

Kouchner B., « Humanitaire et militaire », *Inflexions*, n°5, 2007.

Lagroye J., « Les processus de politisation », in Lagroye J. (dir), *La politisation*, Paris, Belin, 2003, p. 359-372.

Lebart C., « Fiction héroïque et légitimation : la collection *Médecins de l'impossible* », *Mots*, n° 65, mars, 2001, p.76-96.

Lefèvre S., « Le sale boulot et les bonnes causes », *Politix*, n°79, 2007, p.149-172.

Lefèvre S., « Vendre sa cause : à quel prix ? La mise en œuvre controversée du *streetfundraising* par Greenpeace France », in Gendron C. et *alii* (dir.), *Développement durable et responsabilité sociale. De la mobilisation à l'institutionnalisation*, Montréal, Presses internationales Polytechnique, 2010 (à paraître).

Legavre J.-B., « L'horizon local de la communication politique », *Politix*, n°28, 1994, p. 76-99.

Ménard P., « *La visibilité des victimes humanitaires* », in Siméant J. et Dauvin P. (dir.), *ONG et humanitaire*, Paris, L'Harmattan, 2004, p. 289-211.

Meyer D., « ONG : une catégorie juridique introuvable, une définition utilitaire », in Siméant J. et Dauvin P. (dir.), *ONG et humanitaire*, Paris, L'Harmattan, 2004, p.139-151.

Mots, n° 65, mars 2001.

Ollitrault S., « Les mobilisations humanitaires. Du global au local, créer un "apolitisme" militant », in Arnaud L. et Guionnet C. (dir.), *Les frontières du politique*, Rennes, PUR, 2005, p.79-109.

Poirmeur Y., « Marché de la communication politique et mutation de la vie politique », in Rangeon F., (dir.), *La communication politique*, Paris, PUF, 1991, p. 115-130.

Poirmeur Y., « La déontologie journalistique en débat », in Legavre J.-B. (dir.), *La presse écrite : objets délaissés*, Paris, L'Harmattan, 2004, p. 71-99.

Raymond I., « Les ONG sont dans la rue », *Revue Terra Economica*, 10 février 2005.

Revue internationale de la Croix-Rouge, n°832, 1998.

Siméant J., « Déontologie et crédibilité», *Politix*, n°19, 1992, p. 37-55.

Siméant J., « Un humanitaire "apolitique" ? Démarcations, socialisations au politique et espaces de la réalisation de soi », in Lagroye J. (dir.), *La politisation*, Paris, Belin, 2003, p. 163-196.

Vaccaro A., « Technique moderne de collecte des dons », in Dufourcq N. (dir.), *L'argent du cœur*, Paris, Hermann, 1996, p.113-140.

Sites internet

http://www.lemaladehumanitaire.blog.lemonde.fr

http://www.cerphi.org

http://www.msfcrash.org/crash/publications/#article101

http://www.communicationsansfrontieres.net

http://www.oxfamblogs.org/eastasia/?p=156

LISTE DES SIGLES UTILISÉS

Action contre la faim (ACF)

Agence France presse (AFP)

Aide médicale internationale (AMI)

Amnesty international (AI)

Armée de libération du Kosovo (UCK)

Association of Southeast Asian Nations (ASEAN)

Association pour la recherche sur le cancer (ARC)

Centre d'études et de recherche sur la philanthropie (CERPHI)

Comité international de la Croix-Rouge (CICR)

Communication sans frontières (CSF)

European commission humanitarian aid (ECHO)

Handicap international (HI)

Journal télévisé (JT)

Médecins du monde (MDM)

Médecins sans frontières (MSF)

Office de radiodiffusion-télévision française (ORTF)

La communication des ONG humanitaires

Organisation du traité de l'Atlantique nord (OTAN)

Organisation mondiale de la santé (OMS)

Organisation non gouvernementale (ONG)

République démocratique du Congo (RDC)

Reporters sans frontières (RSF)

Service d'aide médicale urgente (SAMU)

PRÉSENTATION DES AUTEURS

CHRISTOPHE AYAD
Christophe Ayad, né en 1968, est grand reporter au service International de *Libération*. Il a été, de 1993 à 1999, correspondant indépendant pour plusieurs médias français en Égypte. Diplômé de Science Po Paris et du Centre de formation des journalistes, il a reçu, en 2004, le prix Albert Londres et le prix Bayeux-Jean Marin des correspondants de guerre. Il a coécrit et coréalisé, avec Vincent de Cointet, un documentaire diffusé en 2007 sur Arte : « Darfour, autopsie d'une tragédie ».

RONY BRAUMAN
Rony Brauman, né à Jérusalem en 1950, est médecin, diplômé en épidémiologie et médecine tropicale. Après avoir travaillé plusieurs années comme médecin sur le terrain, il a occupé le poste de président de MSF de 1982 à 1994. Il est actuellement directeur d'études à la Fondation Médecins sans Frontières, professeur associé à l'IEP de Paris et directeur du « Humanitarian and Conflict Response Institute » (HCRI), Université de Manchester (GB). Il est chroniqueur pour le magazine trimestriel *Alternatives Internationales*. Il a publié en 2009 : *Pourquoi je suis devenu médecin humanitaire* (Bayard), et *La médecine humanitaire* (Que-sais-je, PUF).

PASCAL DAUVIN
Pascal Dauvin est maître de conférences en science politique à l'Université de Versailles-Saint-Quentin-en-Yvelines. Il co-dirige avec Jean-Baptiste Legavre le master Politiques de communication. Il a coécrit avec Johanna Siméant *Le travail humanitaire* (Presses de sciences Po, 2002) et codirigé avec elle *ONG et humanitaire* (L'Harmattan, 2004). Il a récemment publié, avec Jean-Baptiste Legavre, *Les publics des journalistes* (La Dispute, 2008), ouvrage dans lequel il prolonge une

réflexion sur les relations entre journalistes et communicants des ONG humanitaires.

ISABELLE FINKELSTEIN

Après des études de droit public à la Sorbonne, Isabelle Finkelstein devient assistante parlementaire de Jean Pierre Cot, député de la Savoie, puis intègre son cabinet, lorsqu'il accède, en 1981, au poste de Ministre de la Coopération et du Développement. Elle est nommée ensuite Chargée de mission à la Direction des Politiques au sein de ce même Ministère. Puis, elle amorce un virage vers le privé en rejoignant Hachette presse en tant que Directrice de la stratégie commerciale et du marketing de plusieurs magazines. En 1999 elle intègre l'association Médecins du monde en tant que directrice de la communication et du marketing. Aujourd'hui Consultante en stratégie communication et marketing, elle conseille à la fois de grandes marques du privé et accompagne des institutions comme l'AFD (Agence Française du Développement) dans la construction de leur image et de leur visibilité.

ANNE FOUCHARD

Après des études littéraires, Anne Fouchard devient journaliste dans la presse écrite et à la radio. Elle est ensuite chargée de communication à MSF, puis directrice de la communication et de la collecte de fonds dans cette ONG, après avoir été diplômée de l'IEP de Paris. Elle dirige la communication de l'Unicef France de 2004 à 2007. Elle est aujourd'hui consultante en communication humanitaire et enseigne au CELSA et à l'Université de Versailles-Saint-Quentin-en-Yvelines.

SYLVAIN LEFEVRE

Sylvain Lefèvre est titulaire d'un doctorat en sciences politiques (Université Lille 2, 2008). Sa thèse de doctorat, intitulée « Mobiliser les gens, mobiliser l'argent : les ONG au prisme du modèle entrepreneurial», lui a valu le prix de thèse de l'ADDES (Association pour le développement de la documentation sur l'économie sociale). Il y explore la mise à l'épreuve du militantisme par les transformations managériales affectant les ONG, notamment via l'introduction du marketing et du management depuis une trentaine d'années. Il est actuellement post-doctorant au Centre de recherche sur les politiques et le développement social (CPDS) à l'Université de Montréal. Il y mène des travaux sur la recomposition des champs du militantisme et

Présentation des auteurs

de la philanthropie, notamment autour de l'emprise des fondations privées sur les politiques sociales au Québec.

JEAN-BAPTISTE LEGAVRE

Jean-Baptiste Legavre est professeur des universités en sciences de l'information et de la communication (Université de Versailles Saint-Quentin-en-Yvelines). Il codirige le master professionnel Politiques de communication. Il a récemment publié, avec Pascal Dauvin, *Les publics des journalistes* (Paris, La Dispute, 2008) et, avec Aurélie Tavernier, Jacques Noyer et Bernard Delforce, *Figures sociales des discours* (Lille, UL3, 2009, ainsi que « Lettre restantes. Le courrier des lecteurs du *Monde* ou les contours d'un genre en expansion », in Ringoot (R.) et Utard J.-M., (dir)., *Les genres journalistiques*, Paris, L'Harmattan, 2009.

DENIS MAILLARD

A l'issue d'études universitaires et doctorales en sciences politiques (philosophie politique), Denis Maillard – 41 ans – été successivement, de 1996 à 2001, rédacteur en chef des publications puis directeur adjoint de la communication de Médecins du monde. Il a été élu (2002-2003) secrétaire général bénévole d'Aide Médicale Internationale. Il a rejoint l'Unédic, organisme paritaire de gestion de l'Assurance chômage en 2002, comme chef du service de presse avant d'occuper, depuis un an, le poste de directeur de la communication. Fondateur en 2001 de la revue *Humanitaire*, éditée par Médecins du Monde, il est membre de son comité éditorial. Il est également l'auteur de *L'humanitaire, tragédie de la démocratie* (Michalon, 2007) et le rédacteur du blog http://lemaladehumanitaire.blog.lemonde.fr.

YVES POIRMEUR

Yves Poirmeur est professeur de science politique à l'Université Versailles Saint-Quentin-en-Yvelines, dont il est vice président chargé des affaires juridiques. Membre du Centre d'analyse des régulations politiques (CARPO), il travaille sur les régulations des partis politiques, de l'administration publique et de la communication politique. Il a publié, avec D. Rosenberg, *Droit européen des partis politiques* (Ellipses, 2007) et *Droit des partis politiques* (Ellipses, 2008) ; il a codirigé, avec P. Mazet, *Le métier politique en représentations* (L'Harmattan, 1999) et, avec A. Bernard, *La doctrine juridique* (PUF, 1993). Il termine un ouvrage (avec F. Bussy, à paraître, 2010) sur *La justice politique*. Il est l'auteur de plusieurs articles ayant trait, notamment, à la modernisation de l'État et aux questions de déontologie.

ANTOINE VACCARO

Antoine Vaccaro est titulaire d'un doctorat de troisième cycle en gestion des économies non marchandes (Dauphine, 1985). Après un Parcours professionnel dans de grandes organisations non gouvernementales (Fondation de France, Médecins du Monde), il préside le Cerphi (Centre d'étude et de recherche sur la philanthropie) et codirige Faircom Group, groupe international de marketing services. Il assume diverses fonctions bénévoles au sein du Centre Adrienne et Pierre Sommer, du Pôle du Coeur de l'HEGP et de Planète Urgence. Il est Membre du Conseil National à la Vie Associative en tant que personnalité qualifiée. Il est également cofondateur du Club *des fundraisers* (1988), du Comité de la charte de déontologie des organismes faisant appel à la générosité publique (1991) et de European Consult Firm For Non Profit Organisations (1992). Il a publié plusieurs ouvrages et articles sur la communication et la collecte de fonds.

TABLE DES MATIÈRES

AVANT-PROPOS 5

INTRODUCTION 7

LA COMMUNICATION DES ONG HUMANITAIRES,
par Pascal Dauvin.. 7
La professionnalisation de la communication humanitaire
Trajectoires, métier et sens social des pratiques
Une réussite paradoxale
Les coproducteurs du discours humanitaire
Modèle marketing et pratiques journalistiques
Les conditions de production des énoncés humanitaires
La quête d'une rhétorique acceptable
L'emprise de la figure victimaire
Une activité « éthique »
Les frontières du dicible
Enchantement et critique des pratiques
Communication, humanitaire et politique

PREMIÈRE PARTIE
LA PROFESSIONNALISATION
DE LA COMMUNICATION HUMANITAIRE......................... 31

CHAPITRE I. LA COMMUNIATION HUMANITAIRE PRISE
DANS LES RESSOURCES SECTORIELLES, *par Jean-Baptiste Legavre*................ 33
Distinguer des types de ressources sectorielles
Le diplôme : d'abord une ressource pour se construire une identité
Le (seul) diplôme comme écran

CHAPITRE II. DIRIGER LA COMMUNICATION DE MÉDECINS
DU MONDE, OU COMMENT ÊTRE UNE PROFESSIONNELLE ENGAGÉE,
par Isabelle Finkelstein.. 48
Être recrutée chez MDM

Les raisons de l'engagement
L'environnement de la communication au sein de MDM
Un nouveau mode d'organisation, malin et optimisé
La contrainte budgétaire
Cadrer la communication
États d'âme et enthousiasme au quotidien

CHAPITRE III. PROFESSIONNALISATION
DE LA COMMUNICATION HUMANITAIRE
ET LOGIQUES DÉMOCRATIQUES, *par Denis Maillard*............ 60
Communication interne et transformation du régime associatif
Relations presse et « démocratie médiatico-humanitaire »
Donner à voir la victime pour se donner à voir en train de la secourir
Aller là où les autres ne voient pas
De la réalité à la fiction : le triangle humanitaire
Pas de communication sans humanitaire
Le journal des donateurs comme lieu *exemplaire* de la représentation humanitaire

DEUXIÈME PARTIE
LES COPRODUCTEURS DU DISCOURS HUMANITAIRE............ 75

CHAPITRE IV. MARKETING SOCIAL ET *FUND RAISING*,
par Antoine Vaccaro............ 77
Comment adapter le *Mix Marketing* du secteur industriel et commercial au secteur non marchand ?
Du marketing social au marketing des causes humanitaires
Le *Mix Marketing* appliqué à la collecte de fonds

CHAPITRE V. JOURNALISTES ET HUMANITAIRES :
SOUS-ENTENDUS, MALENTENDUS, *par Christophe Ayad*............ 93

TROISIÈME PARTIE
LA QUÊTE D'UNE RHÉTORIQUE ACCEPTABLE............ 99

CHAPITRE VI. QU'EST-CE QUE LA DÉONTOLOGIE
DE LA COMMUNICATION HUMANITAIRE ? *par Yves Poirmeur*............ 101
Construction et transformation d'un dispositif crédogène intéressé
Professionnalisation des organisations humanitaires et fixation des règles déontologiques de la confiance
Managérialisation des organisations humanitaires et déontologie démonstrative
Forces et faiblesses de la déontologie humanitaire
La faible valeur normative de la déontologie humanitaire
Une effectivité renforcée

CHAPITRE VII. LA DÉONTOLOGIE COMME « LIEU COMMUN »
DE LA COLLECTE DE FONDS DES ONG HUMANITAIRES,
par Sylvain Lefèvre.. 116
La déontologie comme principe unificateur des pratiques de *fundraising*
Modèle libéral américain et idéal associatif républicain
Le « blanchiment symbolique » du « sale boulot » du fundraising
La déontologie comme principe de distinction
La cartographie fluctuante du marché de la collecte
La multiplication des prescripteurs de déontologie
L'éternel retour de l'éthique ?

CHAPITRE VIII. ÉTHIQUE ET COMMUNICATION.
QUELQUES LEÇONS A PARTIR D'UNE EXPÉRIENCE
SINGULIÈRE, *par Anne Fouchard*.. 132
Du journalisme à la communication humanitaire
Regagner la confiance des donateurs
Des pratiques contestées au sein des ONG
Communication, indépendance et argent : définir un cadre
Eviter les dérapages
Refuser la facilité, coller au réel
Les vertus limitées de la communication
Ne pas limiter la discussion sur l'éthique à la communication

QUATRIÈME PARTIE
LES FRONTIÈRES DU DICIBLE.. 147

CHAPITRE IX. COMMUNICATION, TÉMOIGNAGE ET POLITIQUE.
À PROPOS DE LA GUERRE DU BIAFRA ET DU CYCLONE
DE BIRMANIE, *par Rony Brauman*... 149
Biafra : de l'indignation à la propagande
Cyclone Nargis, la canonnière humanitaire
Les raisons d'une carence

CHAPITRE X. COMMUNICATION HUMANITAIRE, ENGAGEMENT
ET POLITIQUE, *par Pascal Dauvin*.. 157
La neutralité comme figure imposée
La sensibilisation comme compromis entre neutralité et engagement
Une rhétorique ajustée
Un compromis « rattrapé » par les logiques de communication
Critique sociale et domestication de la communication
« Un engagement au rabais »

Un autre compromis
L'engagement sans la communication ?

ANNEXES.. 179

BIBLIOGRAPHIE... 181

SIGLES UTILISÉS... 189

PRÉSENTATION DES AUTEURS.. 191

Déjà parus dans la collection

Communication, politique et société

Hugo Coniez
Écrire la démocratie
2008

Claire Artufel et Marlène Duroux
Nicolas Sarkozy et la communication
2006

Steven R. Ekovich
Qui est John Kerry ?
2004

Autour de Howard S. Becker
Le cadrage politique de la drogue
2004

L'HARMATTAN, ITALIA
Via Degli Artisti 15 ; 10124 Torino

L'HARMATTAN HONGRIE
Könyvesbolt ; Kossuth L. u. 14-16
1053 Budapest

L'HARMATTAN BURKINA FASO
Rue 15.167 Route du Pô Patte d'oie
12 BP 226
Ouagadougou 12
(00226) 76 59 79 86

ESPACE L'HARMATTAN KINSHASA
Faculté des Sciences Sociales,
Politiques et Administratives
BP243, KIN XI ; Université de Kinshasa

L'HARMATTAN GUINÉE
Almamya Rue KA 028
En face du restaurant le cèdre
OKB agency BP 3470 Conakry
(00224) 60 20 85 08
harmattanguinee@yahoo.fr

L'HARMATTAN CÔTE D'IVOIRE
M. Etien N'dah Ahmon
Résidence Karl / cité des arts
Abidjan-Cocody 03 BP 1588 Abidjan 03
(00225) 05 77 87 31

L'HARMATTAN MAURITANIE
Espace El Kettab du livre francophone
N° 472 avenue Palais des Congrès
BP 316 Nouakchott
(00222) 63 25 980

L'HARMATTAN CAMEROUN
Immeuble Olympia face à la Camair
BP 11486 Yaoundé
(237) 458.67.00/976.61.66
harmattancam@yahoo.fr

L'HARMATTAN SÉNÉGAL
« Villa Rose », rue de Diourbel X G, Point E
BP 45034 Dakar FANN
(00221) 33 825 98 58 / 77 242 25 08
senharmattan@gmail.com

636617 - Janvier 2016
Achevé d'imprimer par

Hicham Harhar
Said Gharby
Zoubida Charrouf

Évaluation des déterminants de la qualité de l'huile d'argane

Valorisation de l'arganier

Presses Académiques Francophones

Impressum / Mentions légales
Bibliografische Information der Deutschen Nationalbibliothek: Die Deutsche Nationalbibliothek verzeichnet diese Publikation in der Deutschen Nationalbibliografie; detaillierte bibliografische Daten sind im Internet über http://dnb.d-nb.de abrufbar.
Alle in diesem Buch genannten Marken und Produktnamen unterliegen warenzeichen-, marken- oder patentrechtlichem Schutz bzw. sind Warenzeichen oder eingetragene Warenzeichen der jeweiligen Inhaber. Die Wiedergabe von Marken, Produktnamen, Gebrauchsnamen, Handelsnamen, Warenbezeichnungen u.s.w. in diesem Werk berechtigt auch ohne besondere Kennzeichnung nicht zu der Annahme, dass solche Namen im Sinne der Warenzeichen- und Markenschutzgesetzgebung als frei zu betrachten wären und daher von jedermann benutzt werden dürften.

Information bibliographique publiée par la Deutsche Nationalbibliothek: La Deutsche Nationalbibliothek inscrit cette publication à la Deutsche Nationalbibliografie; des données bibliographiques détaillées sont disponibles sur internet à l'adresse http://dnb.d-nb.de.
Toutes marques et noms de produits mentionnés dans ce livre demeurent sous la protection des marques, des marques déposées et des brevets, et sont des marques ou des marques déposées de leurs détenteurs respectifs. L'utilisation des marques, noms de produits, noms communs, noms commerciaux, descriptions de produits, etc, même sans qu'ils soient mentionnés de façon particulière dans ce livre ne signifie en aucune façon que ces noms peuvent être utilisés sans restriction à l'égard de la législation pour la protection des marques et des marques déposées et pourraient donc être utilisés par quiconque.

Coverbild / Photo de couverture: www.ingimage.com

Verlag / Editeur:
Presses Académiques Francophones
ist ein Imprint der / est une marque déposée de
OmniScriptum GmbH & Co. KG
Heinrich-Böcking-Str. 6-8, 66121 Saarbrücken, Deutschland / Allemagne
Email: info@presses-academiques.com

Herstellung: siehe letzte Seite /
Impression: voir la dernière page
ISBN: 978-3-8381-4908-0

Zugl. / Agréé par: Rabat, Université Mohammed V, 2010

Copyright / Droit d'auteur © 2014 OmniScriptum GmbH & Co. KG
Alle Rechte vorbehalten. / Tous droits réservés. Saarbrücken 2014